SOCIÉTÉ
DES
ANCIENS TEXTES FRANÇAIS

CHANSONS DU XVᵉ SIÈCLE

Paris. — Typ. G. Chamerot, rue des Sts-Pères, 19.

CHANSONS

DU

XVE SIÈCLE

PUBLIÉES D'APRÈS LE MANUSCRIT

DE LA BIBLIOTHÈQUE NATIONALE DE PARIS

PAR

GASTON PARIS

ET ACCOMPAGNÉES
DE LA MUSIQUE TRANSCRITE EN NOTATION MODERNE

PAR

AUGUSTE GEVAERT

PARIS
LIBRAIRIE DE FIRMIN-DIDOT ET CIE
56, RUE JACOB, 56

—

M DCCCLXXV

Publication proposée à la Société, le 19 avril 1875.

Approuvée par le Conseil le 17 juin 1875 sur le rapport d'une commission composée de MM. Marty-Laveaux, de Queux de Saint-Hilaire et de Montaiglon.

Commissaire responsable :
M. le marquis DE QUEUX DE SAINT-HILAIRE.

MUSIQUE

Hellas qu'elle est à mon gré
Cel-le que je n'ou-se nom-mer
Hel-las qu'elle est à mon gré
Cel-le que n'ou-se di-re
L'au-tre jour jou-er m'al-lay,
Trou-vay la belle en ung pré
En marchant la ver-du-re
Sur l'herbe qui point du-re
D'amours fai-soit ung chapel-let
Vray Dieu qu'il es-toit bien fait
Par a-mour luy de-man-day
Et el-le me l'oc-troy-e

(1) N.º 5. Les deux dernières lignes de chaque Strophe se chantent sur la mélodie des quatre premiers vers.

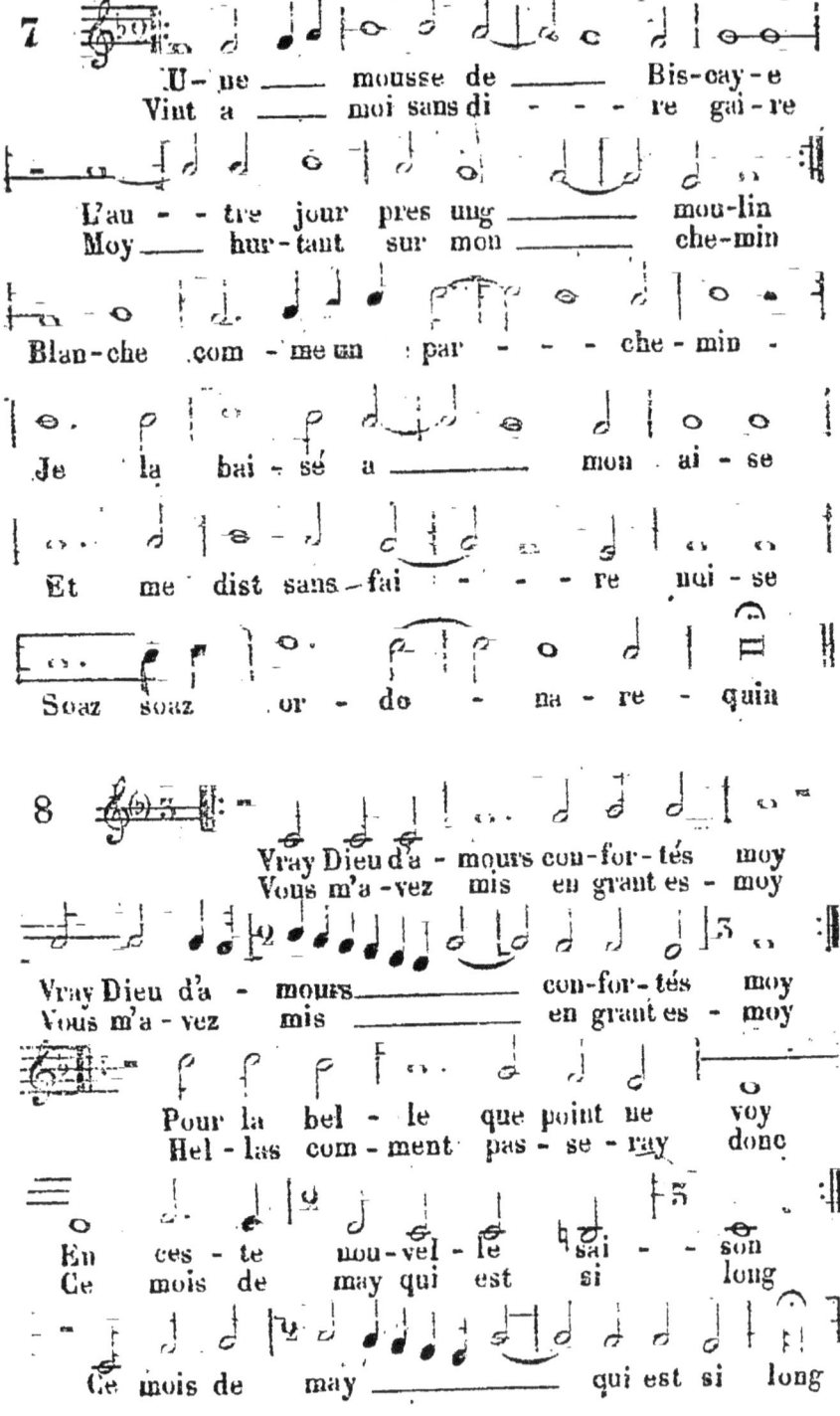

Ce fait a-mours qui la re-veil-le
Et qui la gar-de de dor-mir D.C

12 Ber-ge-rot-te sa-voy-sien-ne
Dy-moi se vieulx es-tre mien-ne
Qui gar-des mou-tons aux praz
Je te don-ray uns sou-las
Je te don-ray uns sou-las
Et ung pe-tit chap-pe-ron
Dy moi se tu m'ay-me-ras
Ou par la me-ran-de ou non

13 En a-mours n'a si-non bien
Nul mal qui ne l'y pen-ce
Ja-mes homme n'y eust rien
Qui eust peu d'es-pe-ran-ce

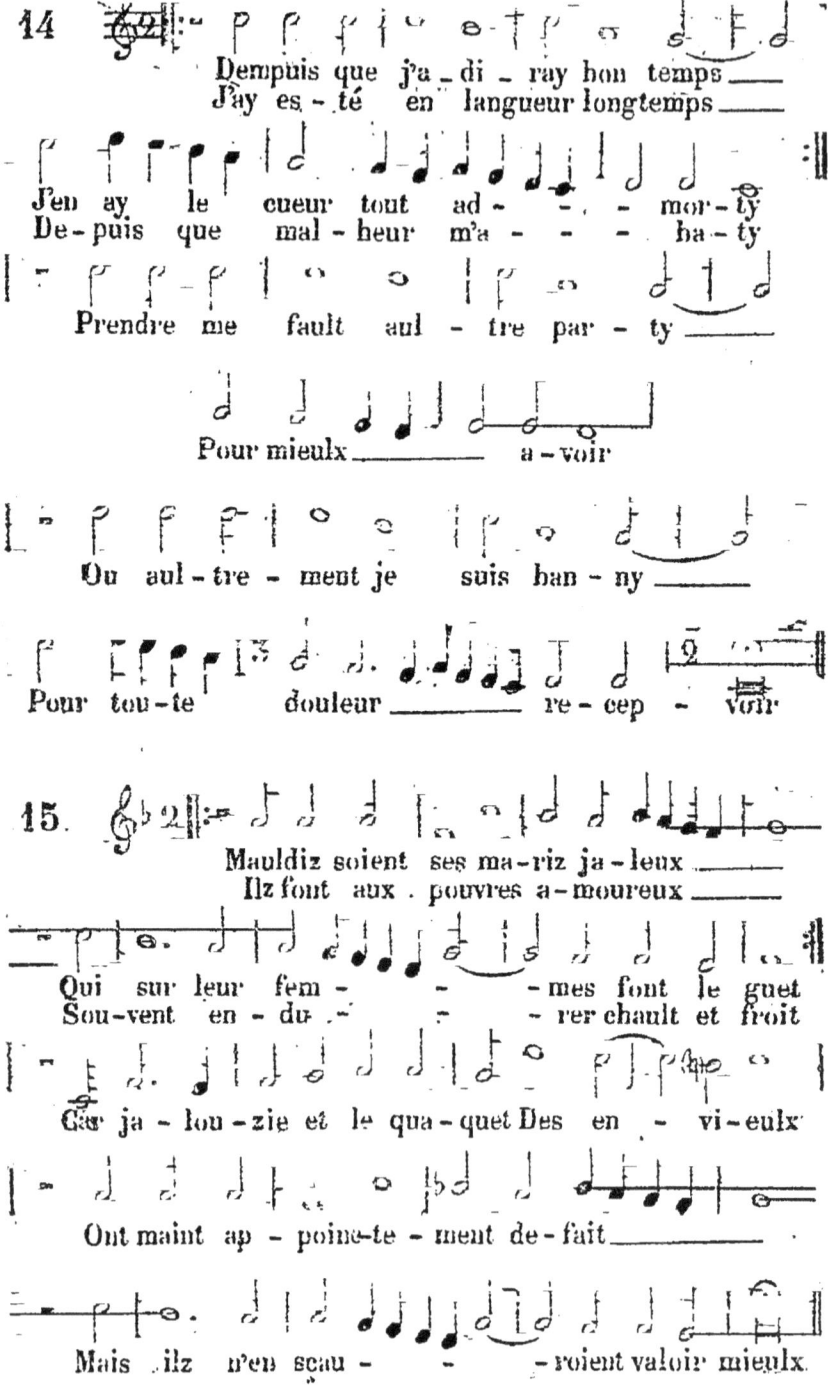

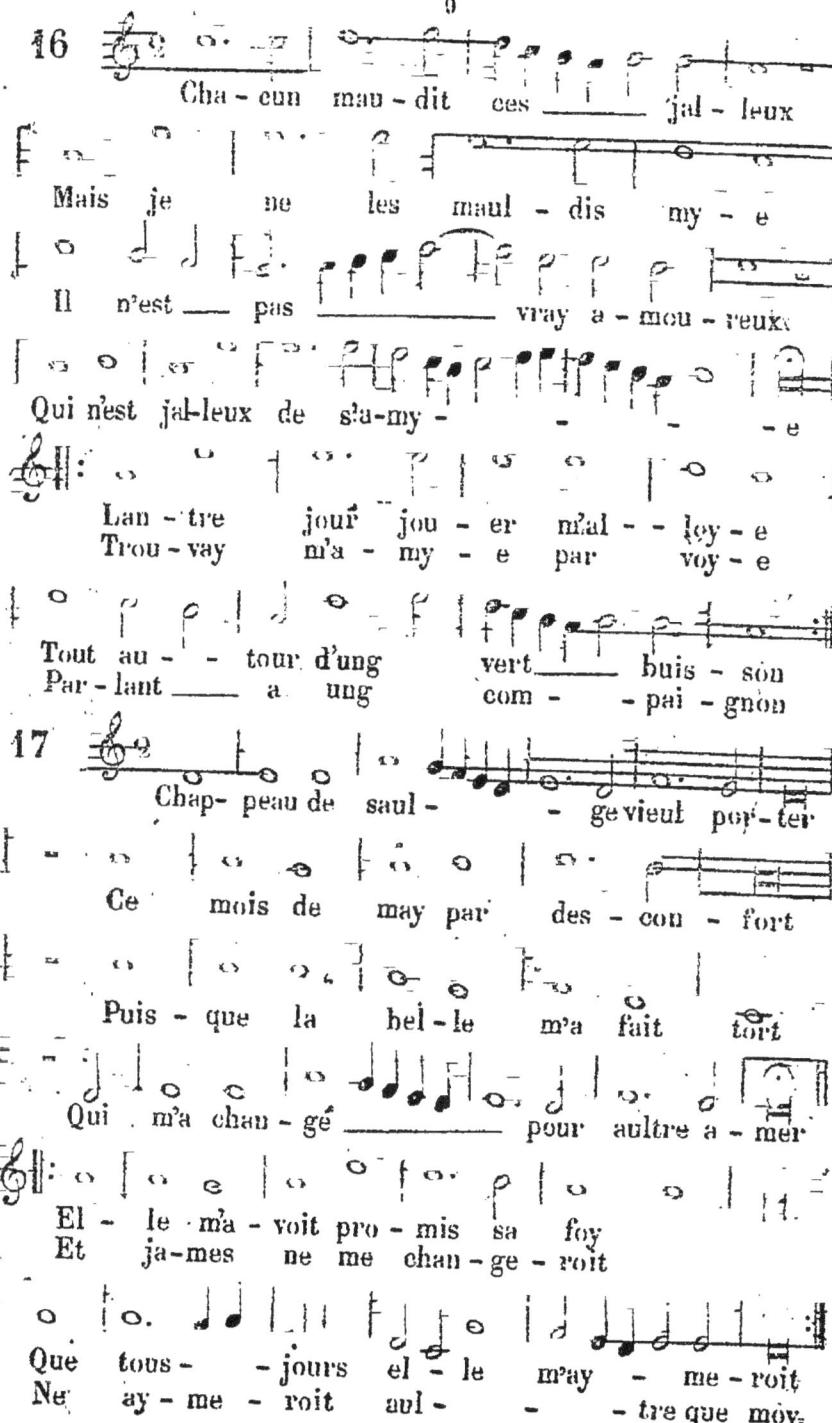

16
Chacun maudit ces jaleux
Mais je ne les mauldis mye
Il n'est pas vray amoureux
Qui n'est jaleux de s'amye
Lantre jour jouer m'alloye
Trouvay m'amye par voye
Tout autour d'ung vert buisson
Parlant a ung compaignon

17
Chappeau de saulge vieul porter
Ce mois de may par desconfort
Puisque la belle m'a fait tort
Qui m'a changé pour aultre amer
Elle m'avoit promis sa foy
Et jamès ne me changeroit
Que tousjours elle m'aymeroit
Ne aymeroit aultre que moy

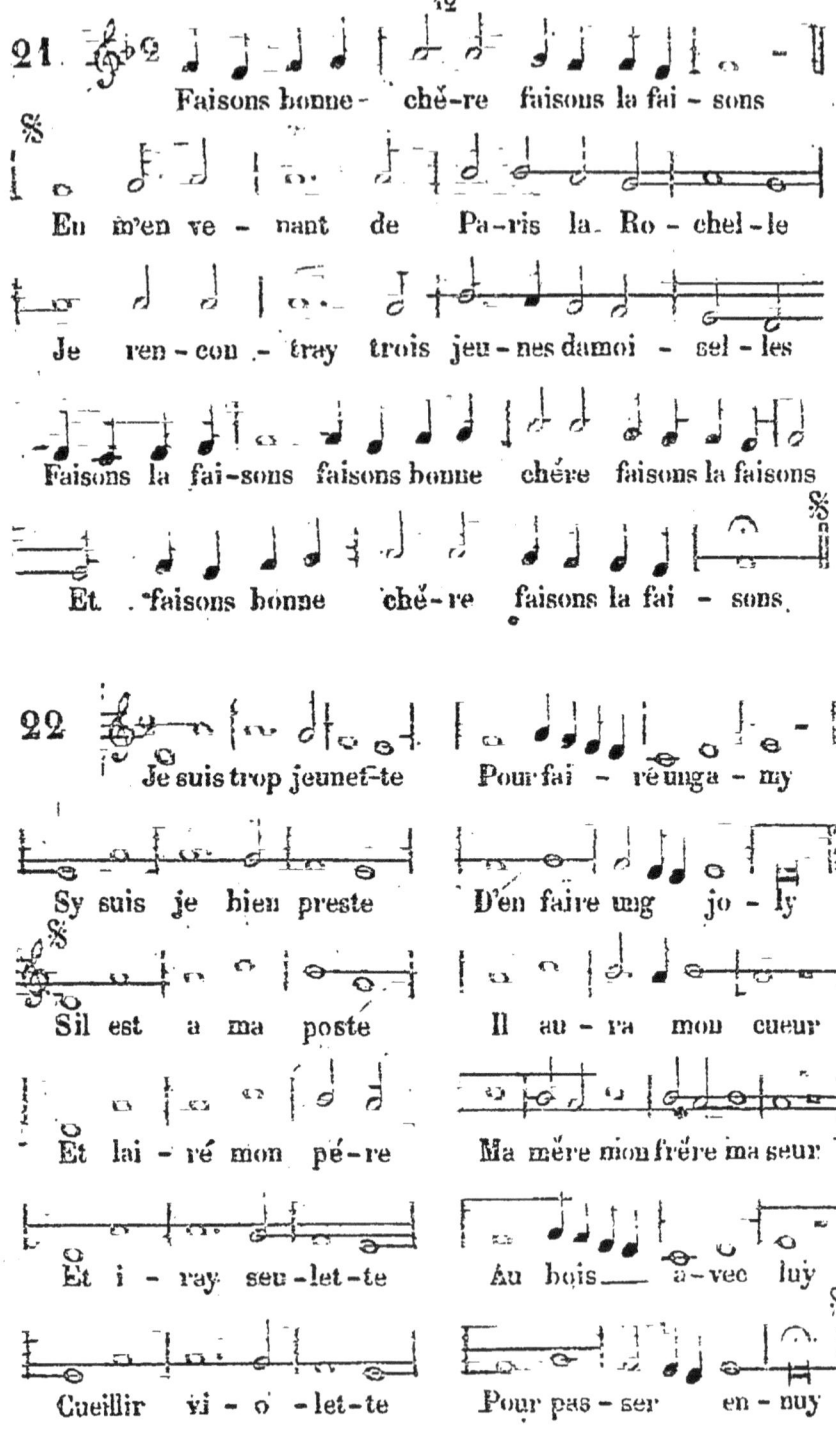

23

[Hel-las] je me re-pens de vous a-
-voir a - mé - - e
Puisque aultre - ment n'a-vez voul-
-lu mon bien
Et que ja - més ne vousistes en rien
Cho - - se qui soit au gré de ma pen-
-sé - - e

24

Il fait bon fer - mer son huis
L'au-trier m'a-loye es-ba-loy- -er
Mais il n'es-toit pas a l'os - -tel
Quant la nuit est ve - nu - - e
Par de-vant l'uis de mon voi-sin
Il es-toit al-lé au mo-lin

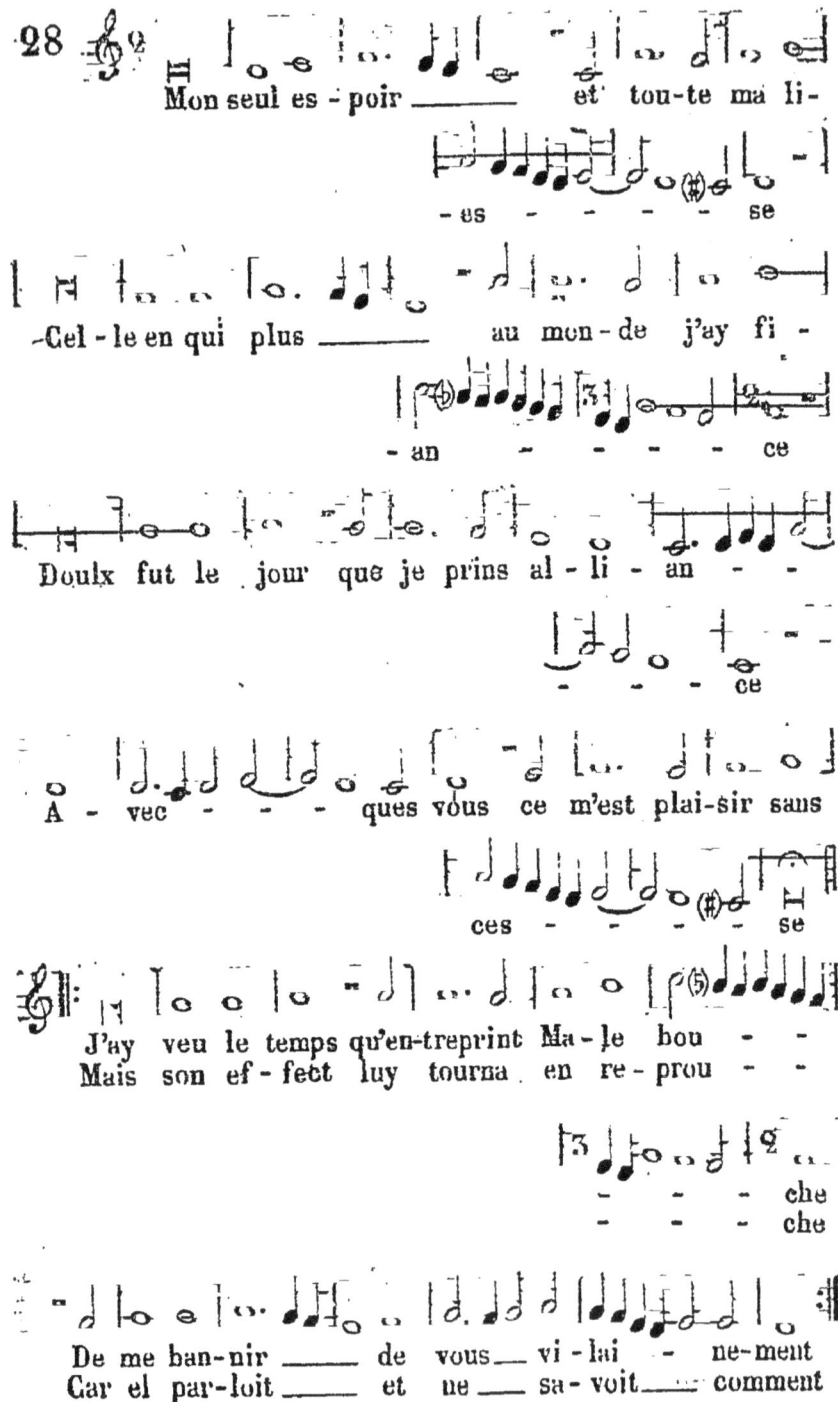

CHANSONS

I[1]

Puisque Robin j'ay a non,
2 J'aymeray bien Marion.

Elle est gente et godinette[2],
Marionnette,
Plus que n'est femme pour vray,
Hauvay[3] !
7 Plus que n'est femme pour vray.

D'or en avant je vueil estre
Plus grant maistre :
Pastoureau je deviendray,
Hauvay !
12 Pastoureau je deviendray.

Et merray[4] mes brebis pestre
Sur l'erbette ;

I. — [1] Cette chanson, par les noms qu'elle contient, ainsi que par son allure, se rattache encore au cycle rustique de *Robin et Marion*, auquel appartiennent un grand nombre de pastourelles du treizième siècle (voy. Bartsch, *Romances et Pastourelles*, Leipzig, Vogel, 1870), et qu'a surtout rendu célèbre le charmant opéra-comique d'Adam de la Halle. C'est peut-être à notre chanson, qui serait ainsi une des plus anciennes du recueil, que Villon fait allusion sous le nom de *Marionnette* (*Gr. Test.*, huit. CLIV.). — Elle se retrouve dans le ms. de Bayeux.

[2] *Godinette*, mignonne, gentille.

[3] *Hauvay* ; des refrains analogues (*hauvoi, avoi*) se retrouvent dans les pastourelles plus anciennes.

[4] *Merray*, mènerai.

Ma pannetiere saindray,
Hauvay!
17 Ma pannetiere saindray.

Et sçay bien qu'il m'y fault mectre
Pour repaistre :
Croyez que point n'y faudré,
Hauvay!
22 Croyez que point n'y faudray.

Je suis seur qu'y fairons feste ·
Marionnette
Le m'a dit et je le croy,
Hauvay!
27 Le m'a dit et je le croy.

II

« Pastourelle jollie,
Dieu te doint tresbon jour.
Il m'est prins grant envie
De devenir pastour,
5 Et d'en savoir le tour. »

« Comment seroit pastour
Qui n'a rien a garder? »
« Si avoye vostre amour,
Bien la saroye garder,
10 Car j'en sçay bien le tour [1]. »

« M'amour n'arez vous mie,
De paour de deshonnour :
Jamès jour de ma vie
Je n'aymé par amour,
15 Et si n'en sçay le tour. »

II. — [1] Cette strophe, qui n'a ni le rhythme ni les rimes des autres, est sans doute altérée.

« Amie, belle amye,
Ne craingnés deshonnour,
Car jamès en ma vie
Ne lerray vostre amour,
20 Jamès et a nul jour. »

La belle s'est soubzrise[2]
En disant : « Amy doulx,
Sy vous savez la guise
Du joly jeu d'amours,
25 Sy m'en monstrez le tour. »

III[1]

« Gente pastourelle au cueur gay,
Qui moutons gardez en la prée,
La vostre amour m'y soit donnée,
4 Et la mienne vous donneray.

« Je prensisse moult[2] grant plaisance,
Belle, de voz moutons garder,
Mais que ce fust en esperance
8 Que vous me voulissiez aymer.

« Vostre regard et voz doulx yeulx,
Vostre face tant collorée,
Ont mis mon cueur en grant pensée :
12 Point je ne dors, ainsi m'aist Dieulx[3]. »

[2] La forme *soubzrise*, dont je fais par conjecture un participe, est régulière ; l'anc. fr. disait *ris* pour *ri*; cf. it. *riso*.

III. — [1] Le premier couplet de cette chanson se trouve dans le ms. 1597 (M).

[2] Je *prensisse*, je prendrais.

[3] Nous retrouverons souvent cette locution, parfois fort altérée. Elle se décompose en : *ainsi m'aide Dieu* (que je dis vrai).

La pastourelle fut bien saige,
Et respont gracieusement :
« Je n'ay pas le cuer si vollaige
16 Qu'il vous semble, par mon serment.

« Car j'ay mon pastoureau tout quis,
Le plus beau de ceste contrée,
Et si lui ay m'amour donnée :
20 S'il m'ayme bien, si fais je luy. »

IV

Hellas ! qu'elle est a mon gré,
Celle que je n'ouse nommer !
Hellas ! qu'elle est a mon gré,
4   Celle que n'ouse dire !

L'autre jour jouer m'allay
En marchant la verdure[1];
Trouvay la belle en ung pré,
8   Sur l'erbe qui point dure[2].

D'amours faisoit ung chapellet[3] :
Vray Dieu ! qu'il estoit bien fait !
Par amour luy demanday
12   Et elle me l'octroye.

IV — [1] Le verbe *marcher* a encore ici son sens primitif de « fouler aux pieds » ; voy. Littré.

[2] « Qui pousse droite. »

[3] *Chapellet*. Un *chapel* de fleurs, en ancien français, c'est une couronne; *chapelet* en est un diminutif. Le sens actuel n'est que métaphorique : cf. *rosaire*, all. *Rosenkranz*.

V[1]

Si je suis trouvée
Avecques mon amy,
En doy je estre blasmée
4   Pour parler a luy ?

Mon pere et ma mere   sy m'ont mariée
A un vieil bon homme   . . . .
Maudit soit le jour   qu'oncques je le vy !
8 Hellas ! mes amours   ne sont pas ycy.

Quant ce vient le soir   que je suis couchée,
Mon villain s'endort   toute la nuitée;
Je pleure et souppire,   je ne puis dormir.
12 Hellas ! mes amours   ne sont pas ycy.

[Quant ce vient le jour   que je suis levée,
Mon amy m'aporte   saincture dorée,
Saincture dorée,   chapperon aussy.
16 Helas ! mes amours,   helas ! ce sont il[2].]

Sur toute couleur   j'ayme la tannée[3] :
Pour ce que je l'ayme   m'en suys habillée,
Et toutes les aultres   ay mis en obly.
20 Hellas ! mes amours   ne sont pas ycy.

V.— [1] Cette chanson appartient à toute une classe, qu'on peut appeler les chansons de la mal mariée, ou de la *Maumariée* (une chanson de ce nom est mentionnée au livre V de *Pantagruel;* voy. aussi la farce de *Calbains Anc. Th. Fr.*, t. II, p. 144, où l'imprimé a *maumarice*); des chansons sur le même type se rencontrent encore en grand nombre dans le répertoire populaire.

[2] Cette strophe, où la donnée est autre et où le refrain diffère, paraît interpolée.

[3] *Tanné*, brun foncé.

[Le noir se complaint　　et ne scet a qui ;
De dueil est actaint　　et presque transy :
Sy plus longuement　　il vit sans mercy,
24　Mourir lui convient;　　hellas! qu'esse cy[4]?]

[Roussignolet sauvaige　　qui chante a la ramée,
Va dire a mon amy　　que je suis mariée,
Que je suis mariée　　hors de mon desir.
28　Helas! mes amours　　ne sont pas ycy[5].]

VI

Quant m'en venoye du bois l'autrier,
D'ouir le doulx chant des oyseaulx
Et Loyset le franc bergier
(C'est le plus beau des pastoureaulx),
En retournent vers mes aigneaulx
J'ouy chanter dedans le boys
Bergére faisant ses aveaulx[1] :
8　C'estoit la plus belle des trois.

Dedens le boys m'en retourné,
Trouvé Margot et Marion
Soubz la feulle du bois ramé
Qui cherchoient les fleurs au buysson ;
Je les salué par leur nom,
D'aymer les priay plusieurs foiz ;
Mais l'une me respondit non :
16　C'estoit la plus belle des troys.

---

[4] Strophe sans doute interpolée.
[5] Strophe irrégulière, ajoutée après coup.
VI. — [1] *Faisant ses aveaulx*, faisant ce qui lui plaisait, se divertissant. *Avoir son avel*, en vieux français, c'est avoir tout ce qu'on peut souhaiter. Diez (*Etym. Wb.*, II c.) donne de ce mot une étymologie très-douteuse *(lapillus)*. Je suis porté à le rattacher à *velle* : on aura dit en bas latin *vivere, essere ad*

Quant d'elle je fus esconduit²,
De dueil rompy mon flajollet ;
Et je luy vy les fleurs cuillir :
Je luy demandé ung bouquet :
« Allon emprès ce buissonnet,
Et la nous ferons noz degoys³. »
Elle me donna ung buffet⁴ :
24 C'estoit la plus belle des troys.

« Puis qu'ainsi est, gentes bergéres,
Pour meshoen⁵ adieu vous dy ;
Car vous estes ung peu trop fiéres. »
L'une des troys me respondit :
« He ! Robin, revenez lundy ; »
Ung riz gecta tout de gingois⁶,
Fist ung signe que j'entendy :
32 C'estoit la plus belle des troys.

VII

Une mousse de Bisquaye¹
L'autre jour pres ung moullin
Vint à moy sans dire gaire,

velle, d'où *avel* et finalement *aveaux*. Ce qui rend cette explication incertaine, c'est que le mot manque dans les autres langues romanes.

² Sur le rapport d'*éconduire* avec *escondire* et *conduire*, voy. Littré.

³ *Degoys*, subst. verbal de *degoiser*, paraît signifier ici simplement « divertissement ». Cf. *Bele ert la feste et degoissie* Tourn. de Chauvenci, v. 1929).

⁴ *Buffet*, soufflet.

⁵ *Meshoen*, composé de *mais* (cf. *désormais*) et *hoen, oan*, cette année », de *hoc anno*.

⁶ *De gingois*, de côté.

VII. — ¹ *Mousse* ; c'est l'esp. *moza* ; le masc. seul est resté dans notre langue, avec un sens spécial. On voit que *mousse* signifiait d'abord en général « jeune garçon, jeune fille ».

Moy hurtant sur mon chemin,
Blanche comme un parchemin;
Je la baisé à mon aise,
Et me dit sans faire noise :
8 « Soaz, soaz, ordonarequin[2]. »

Je luy dis que de Bisquaye
J'estoys son prochain voisin :
« Mecton nous pres ceste haie
En l'ombre soubz l'aubepin :
La parlerons a butin[3];
Faictes tout a ma requeste. »
Lors feist signe de la teste :
16 « Soaz, soaz, ordonarequin. »

« Par mon serment, vecy raige :
Ce n'est françoys ne latin;
Parlez moy aultre langaige,
Et laissez vostre bisquayn.
Mectons no besongne a fin,
Parlons d'amours, je vous prie. »
Lors me dist, n'en doubtez mye :
24 « Soaz, soaz, ordonarequin. »

Avoir n'en peuz aultre chose,
Par ma foy, a ce matin,
Fors baiser a bouche close
Et la main sur le tetin.
« Adieu, petit musequin[4],

---

[2] Ce refrain est, si je ne me trompe, le plus ancien exemple qu'on ait de la langue basque. Je remets aux *basquisants* le soin de le traduire.

[3] *A butin*, proprement « à la condition de partager le butin », comme le montrent les exemples cités dans l'historique de Littré; puis « en mettant tout en commun », ce qui est à peu près le sens de notre passage.

[4] *Musequin*, diminutif amical de museau, « minois ».

A Dieu soyez [5], ma popine [6]. »
Lors me dit la bisquayne :
32 « Soaz, soaz, ordonarequin. »

VIII

[Vray dieu d'amours, confortés moy
Vous m'avez mys en grant esmoy
Pour la belle que point ne voy
En ceste nouvelle saison :
Helas! comment passeray donc
6 Ce mois de may qui est si long [1] ?]

Je me suis adventuré,
En noz jardrins [2] suis entré
Pour cuillir rose ou bouton
En ceste nouvelle saison :
Hellas! comment passeray donc
12 Cest mois de may qui est si long ?

En noz jardrins suys entré ;
Trois fleurs d'amours y trouvay,
Une en prins, deux en laissay
En cette nouvelle saison :
Helas! comment passeray donc
18 Cest mois de may qui est si long ?

---

[5] *A Dieu soyez*, forme complète de la locution abrégée en *à Dieu, adieu*.

[6] *Popine* ou *poupine*, mot caressant, de la famille de *poupée* et de *poupon*.

VIII. — [1] Cette première strophe est transportée ici, avec une légère altération, de la chanson cxxiv, dont celle-ci a d'ailleurs emprunté le refrain.

[2] *Jardrin*. Cette forme singulière, qui revient plus d'une fois dans notre ms., n'est pas une faute de copiste, car non-seulement on la trouve ailleurs, mais elle est encore aujourd'hui usitée dans plusieurs patois.

Ung chapellet fait en ay;
De troys rens le commançay
Et a quatre l'achevay
En ceste nouvelle saison :
Helas ! comment passeray donc
24 Cest mois de may qui est si long?

A troys rens le commençay,
Et a quatre l'achevay;
A m'amye le donray
En ceste nouvelle saison :
Helas ! comment passeray donc
30 Cest mois de may qui est si long?

[Sy je la puis rencontrer,
D'amours je la vueil prier;
Aussi est ce la saison
Ou mois qui moys de may a nom;
Hellas ! comment passeray donc
36 Cest moys de may qui est si long?³]

A m'amye le donray,
Et sçay bien que j'en auray
Un bon baiser quant vouldray
En ceste nouvelle saison;
Hellas ! comment passeray donc
42 Cest moys de may qui est si long?

IX.¹

Auprès d'un jolys boucquet²,
L'orée d'une riviére,

---

³ Cette strophe, qui sépare mal à propos celle qui la précède et celle qui la suit, est visiblement interpolée.

IX. — ¹ Le premier couplet est dans le ms. 1597; les deux premiers ont été imprimés dans le recueil Lotrian de 1543 (L).

² *Boucquet*, petit bois. C'est le sens primitif. On dit encore, par un pléonasme inconscient où l'on croit faire une méta-

Je trouvay le filz Marquet
Qui prioit s'amye chére
Et disoit en tel maniére :
« Je vous ayme, fin cueur doulx. »
Adonc respond la bergére :
« Et comment l'entendés vous ? »

« Je l'entends bien, s'il vous plaist,
Belle, que soyés m'amye :
Je vous donray un bocquet
De violecte jollie ;
Mais d'une chose vous prie,
C'est que m'aymez par amours. »
Adonc respond la bergére :
16 « Et comment l'entendez vous ?

« Cuydez que pour ung bouquet
Vous ayez m'amour entiére ?
Il n'y a si beau varlet
Que je ne getasse arriére. »
« Obliez votre maniére ;
Faictes vous ainsy a tous ? »
Adonc respont la bergére :
24 « Et comment l'entendez vous ? »

Robin feist tant par son plet [3]
Et par sa belle maniére
Qu'il joua du flajollet,
Et aussy feist la bergére.
« Vous estes tresbonne ouvriére [4] ;
Faictes vous ainsi a tous ? »
Adonc respont la bergére :
32 « Et comment l'entendez vous ? »

phore, un bouquet de bois. On trouve plus loin, v. 11 (cf. VI, 20) ce mot avec le sens que nous lui donnons d'ordinaire. Littré ne donne dans aucun sens d'exemple antérieur au seizième siècle.

[3] *Plet*, discours, langage.

[4] *Ouvriére* de deux syllabes, jusqu'au dix-septième siècle.

X[1]

Helas ! pourquoy vivent ces faux jaleux ?
Tritresse[2] mort, venez les tous destruire :
Ils font mourir en douleur et martire
4 Par chascun jour ces loyaulx amoureux.

Ces faulx jaleux meurent de mort soudaine,
Qui nuit et jour ne cessent de pencer
A m'esloingner ma dame souveraine !
8 J'aroye plus cher a la mort m'advancer.

El m'a donné boutons, roses et flours,
Et m'a saisy de ce que je desire,
Et sy m'a dict : « Laissez medisans dire ;
12 Mon bel amy, vostre seray tousjours. »

Les faulx jalloux, que le fils Dieu mauldye,
Ont mal parlé sus m'amye et sus moy ;
Mais si par eulx je perds ma doulce amye,
16 Ils congnoistront qu'ils ont desbat o[3] moy.

Le cueur de moy en est si doulloureux
Et courroucé, dolent et remply d'ire,
Pour la belle que souvent je desire !
20 Las ! je n'en dors ni repose mes yeulx.

X. — [1] Chanson qui se retrouve dans les mss. de Bayeux et de Vire.

[2] L'accord des trois mss. m'empêche d'écrire *Traitresse*, mais c'est sûrement là le sens de ce mot.

[3] *O*, avec.

XI[1]

A qui direlle[2] sa pencée,
2 La fille qui n'a point d'amy ?

La fille qui n'a point d'amy
    Comment vit elle ?
Elle ne dort jour ne demy
    Mais tousjours veille;
Ce fait amours qui la reveille
Et qui la garde de dormir.
A qui direlle sa pencée,
10 La fille qui n'a point d'amy ?

Il en a bien qui en ont deux,
    Deux, troys, ou quatre;
Mais je n'en ay pas ung tout seul
    Pour moy esbatre;
Hellas ! mon jolly temps se passe ;
Mon tetin commence à mollir.
A qui direlle sa pencée,
18 La fille qui n'a point d'amy ?

J'ay le vouloir si treshumain
    Et tel couraige,
Que plus toust annuyt que demain,
    En mon jeune aage,

XI. — [1] Le premier couplet de cette chanson est imprimé dans le recueil de 1543 (L).

[2] *Direlle*. Ces formes contractées, qui remontent à des formes plus anciennes où le *t* était tombé (*dira elle*), se rencontrent surtout au seizième siècle dans des écrits d'un genre populaire. Quand l'élision porte sur un *e* féminin (*chantelle, donnil*), elles n'ont rien d'extraordinaire ; il est plus étonnant de voir, comme ici, un *a* accentué s'élider ; mais, en réalité, dans les groupes comme ceux-là (de m. dans *dira-t-elle, vient-il*), l'accent passe au pronom.

J'aymeroys mieulx mourir de rage
Que de vivre en un tel ennuy.
A qui direlle sa pencée
26 La fille qui n'a point d'amy ?

XII [1]

« Bergerotte savoysienne,
Qui gardes moutons aux praz,
Dy moy si vieulx estre myenne :
Je te donray uns soulas [2],
Je te donray uns soulas,
Et ung petit chapperon ;
Dy moy se tu m'aymeras
8 Ou par la merande [3] ou non. »

« Je suis la proche voisine
De monsieur [4] le cura,
Et pour chose qu'on me die
Mon vouloir ne changera,

XII. — [1] Cette chanson est mélangée de formes dialectales savoisiennes. En 1502, en prêchant à Toulouse, Ollivier Maillard chanta un cantique sur l'air *Bergeronnette savoisienne* (*Anc. Poés. Fr.*, p. p. A. de Montaiglon, t. VII, p. 148). Encore au milieu du seizième siècle, elle était assez populaire pour être citée dans la jolie farce de *Calbain* (*Anc. Th. Fr.*, t. II, p. 144).

[2] *Uns soulas* : des souliers (v. fr. *soulers*). *Uns*, *unes*, s'emploient pour désigner des objets qui vont nécessairement, soit par plusieurs (*unes lettres*), soit, et surtout, par deux (*unes lévres*, *unes forces*, *uns soulers*, etc).

[3] *La merande* paraît bien se retrouver dans la chanson XLVI, qui est aussi mélangée de savoisien ; je ne comprends pas cette expression.

[4] *Monsieur* en trois syllabes, comme assez souvent au quinzième siècle. *Sieur* est une forme parallèle de *seigneur*, dans laquelle l'*n* mouillée s'est affaiblie en *i*. Elle représente, par conséquent, le vrai régime de *sire*, tandis que *seigneur* est le régime de *seindre* (*Passion*, 24

Mon vouloir ne changera
Pour François ne Bourgoignon. »
« Par le cor Dé, si fera
16 Ou par la merande ou non. »

XIII

En amours n'a sinon bien,
Nul mal, qui ne l'y pence ;
Jamès homme n'y eust rien
4 Qui eust peu d'esperance.

Je le dy pour mon amy :
Je le congnois d'enffance ;
Il m'aime, auxi fai ge lui :
8 Dieu le gard de meschance !

Oncques puis que je le vy
Je n'euz aultre aliance.
Ce n'est rien ce monde cy
12 Qui n'y a sa plaisance.

XIV

Dempuis que j'adiray bon temps[1],
J'en ay le cueur tout admorty ;
J'ay esté en langueur longtemps
Depuys que malheur m'abaty :
Prendre me fault aultre party
Pour mieulx avoir,
Ou aultrement je suis banny
8 Pour toute douleur recepvoir.

XIV. — [1] *Adirer*, perdre, égarer. — *Bon temps*, sans article, est aux quinzième-seizième siècles une personnification très-aimée.

Soucy a mys et oppressé
Mon cueur en grant subjection;
Mellencolie n'a cessé
De me faire compression,
Laquel a mys en passion
  Par trop longtemps
Mon cueur sans nulle occasion,
16 Dont je ne me tiens pas content.

Je souloye rire et danser
Avec ces compaignons galloys [2];
Mais maintenant me fault chanter :
« Bon temps, reviendras tu jamès? »
Je ne viz plus desoremais,
  Mais je languis;
Car Fortune pour entremais [3]
24 M'a du tout en son malheur mys.

Mais j'ay bon couraige et espoir,
Auquel je me fye du tout;
Doresnavant me fault pourveoir
Qui me mectra sur le bon bout;

---

[2] *Galloys*. Ce mot, dans la langue du quinzième siècle, désigne un bon vivant, un joyeux compagnon; on le trouve surtout au pluriel, et emportant par conséquent l'idée d'un société. On peut le rattacher à la folle confrérie des *Galos* dont parle le chevalier de La Tour Landry (ch. cxxi, p. 241) qui aurait flori au quatorzième siècle. Quant à cette confrérie, elle s'était donné ce nom parce qu'elle prétendait faire revivre les mœurs gaies et brillantes de la cour d'Artur. — *Galloise*, au féminin, a un sens analogue, mais plus marqué. — On a donné à ce mot de *gallois* une signification tout autre; mais l'hypothèse qui fait des *compagnons gallois* un association patriotique (voy. A. Gasté, *Étude sur Olivier Basselin*, Caen, 1866) ne paraît pas suffisamment établie.

[3] *Pour entremais*. Ironique. On appelait *entremets* les divertissements somptueux qu'on introduisait dans les grands festins.

Je feray du sot et du lourt
    Pour mieulx suyvir :
Car qui n'est ung homme de court
32 A nul bien ne peult parvenir.

XV

Mauditz soyent ces mariz jaleux
Qui sur leur femmes font le guet !
Ilz font aux pouvres amoureux
Souvent endurer chault et froit.
Car jalouzie et le quaquet
    Des envyeulx
Ont maint appoinctement [1] defait ;
8 Mais ilz n'en sçauroyent valoir myeulx.

Hée ! Dieu, ou avoit il les yeulx
Le pére qui la luy donnoit,
Veu qu'il est sy malgracieulx
Et que si mal luy advenoit ?
Ung chascun veoit qu'il est sy lait
    Et si hydeux,
Point de plaisir on n'y prendroit
16 Et eust il cent mil escuz vieulx.

Et entre vous, faulx medisans,
Qui de chacun voulez parler,
Cuydez vous pour vous, faulx truans,
Vraiz amoureulx faire finer ?
Chacun face a sa volunté
    Sans riens blasmer :
Sy vous avez vos jours finez,
24 Laissez les despourveus regner [2].

XV. — [1] *Appointement*, au sens qu'a conservé l'anglais *appointment*, arrangement convenu, et spécialement rendez-vous d'amour.

[2] *Regner*, souvent usité autrefois dans le sens de « briller, prospérer, *vigere* ».

Helas ! que vous ay ge mesfait
En vous servant le temps passé ?
Terriblement mon povre cueur
En est tresgrandement navré.
Mauldiz soyent ces maris jaleux,
Et envieulx !
Ilz nous fairont nos jours finer
32 Avant que nous devenons vieulx.

Adieu, ma dame, adieu vous dy :
Las ! ne sçay que doy devenir,
Ne ne sçay la raison pourquoy
Vers vous je puisse avoir mespris.
Pour Dieu, ayez ung souvenir
D'un amoureulx
Qui pour vous va ses jours finyr
40 En l'ermitage douloureux [3].

XVI [1]

Chacun mauldit ces jalleux,
Mais je ne les mauldis mye :
Il n'est pas vray amoureux
4 Qui n'est jalleux de s'amye.

L'aultre jour jouer m'alloye
Tout autour d'ung vert buysson ;
Trouvay m'amye par voye
8 Parlant a ung compaignon.

---

[3] Je soupçonne les deux dernières strophes de ne pas a[p]partenir au texte primitif de la chanson ; outre qu'elles [ne] continuent guère bien ce qui précède, elles offrent des rim[es] plus que défectueuses.

XVI. — [1] Cette chanson se retrouve en partie dans le m[s.] de Bayeux.

Mais je ne sçay qu'il lui dist :
Le jeu ne me plaisoit mye,
Dont j'eu cueur triste et mary
12 Et entré en jalouzie.

Me tiray ung peu arriére
Pour mieulx viser leur façon
Et regarder la maniére
16 De m'amye et du mignon.

Tout leur conseil [2] j'entendy,
Tantoust fut leur departie;
J'eu le cueur tout resjouy
20 Et fu hors de jalousie.

En passant parmy la rue,
M'en entray en sa maison :
De joye fut toute esmeue,
24 Et me compta sa raison [3],

M'appellant son myeulx amé,
Disant : « Je suys vostre amye;
Aultre que vous ja n'aymé,
28 Ne ne feray en ma vie. »

Quant vy la bonté ma dame [4]
Et toute s'oppinion,
J'euz a l'eure, sur mon ame,
32 Le cueur plus fier qu'ung lyon :

Affin qu'en fust mencion
Je me mys la a escripre
Tout par moy ceste chançon
36 Soubz une espine fleurie.

---

[2] *Conseil*, « entretien à voix basse », d'où « secret. »
[3] *Conter sa raison*, dire ce qu'on pense, ce qu'on a à dire.
[4] Reste de la construction usitée au moyen âge, où le *de* possessif pouvait se supprimer; nous disons encore « les tours Notre-Dame », etc.

XVII

Chappeau de saulge[1] vieul porter
Ce moys de may par desconfort,
Puisque la belle m'a fait tort
4 Qui m'a changé pour aultre amer.

Elle m'avoit promys sa foy
Que tousjours elle m'aymeroit,
Et jamès ne me changeroit
8 Ne aymeroit aultre que moy.

Mais elle a bien faulcé sa foy,
Et ung aultre amé, bien le sçay ;
Dont j'ay eu du dueil si tresfort
12 Que j'ay esté presqu'a la mort.

XVIII

En l'ombre d'un buyssonnet,
L'orée d'une saulaye,
Moy seul par ung matinet,
Plus pensif que ne souloye,
Advis me fut que j'estoye
Couché revers pour dormir,
Et ma dame je perdoye ;
8 Lors je me pris a gemir.

Et pour mes pleurs estre escriptz
Prins papier et escriptoire ;

XVII. — [1] *Chappeau*, couronne. — Sur le *chappeau* ⟨de⟩ *saulge*, voy. la citation de Carloix dans l'historique de Littré au mot *sauge*. — L On voit qu'on attribuait un *chapeau* ⟨de⟩ *sauge* à un amant que sa belle avait abandonné. Dans ce⟨r⟩taines provinces, l'envoi d'un bouquet de sauge annonce à u⟨n⟩ prétendant que sa demande n'est pas agréée.

De clameurs, pleurs, aussi cris,
Mon cueur feist son inventoire,
Duquel je feis ung memoire
Adressant a mes amours,
Pour m'ouster de l'assessoire
16 Ou j'abondoye en doulours.

Puis de cueur intencieux
Pour gecter hors fantasie,
Du rousignoul gracieulx
Invocqué la courtoisie,
En luy disant : « Je te prie,
Va saluer de par moy
Ma doulce et loyalle amie
24 Pour qui je suis en esmoy. »

Et le doulx roussignolet
O sa pleume grivollée[1]
M'a laissé la tout seullet :
Vers m'amye a prins vollée,
Laquelle estoit desolée
Pour mon cas, mais toutesfoiz
Elle fut reconsollée
32 Par son chant doulx et courtoys.

Et pour ce, amans par amours,
Si faulx semblant point vous picque,
L'oyseau vous donrra secours
Dont le chant passe musique[2] ;
Il scet toute la praticque
D'esjouyr les dolloreux,
Et tout son vouloir applicque
40 A servir les amoureux.

XVIII. — [1] *Grivollée,* grivelée. Sur l'étymologie de *grive,*
voy. Littré.
[2] *Musique :* ce mot, dans nos chansons, comme dans la langue du quinzième siècle en général, signifie la composition musicale savante, par opposition aux chants *ruraux.*

XIX[1]

Fleur de gaiecté, donnez moy joye,
Et me donnez allegement :
Vous sçavez bien que longuement
4 Plus vivre ainsy je ne pourroye.

Je ne sçauroye plus vivre ainsy,
Ma doulce seur, bien le savez :
Sy vous avez ung aultre amy,
8 Je vous pry, point ne le cellez.

Mon cueur prandroit une aultre voye;
Si n'en fut il onc en tallant
Puis l'heure que premierement
12 Vous m'accordastes d'estre moye[2].

Vous souvient il point de la nuyt
Que vous devyez o moy venir?
Je ne couché onques en lict,
16 Ne n'eu volunté de dormir.

Dieu sait en quel estat j'estoye !
J'avoye de la joye tellement,
Jamès je n'en auray autant
20 De chose qu'advenyr me doye.

XX[1]

Fille qui fait nouvel amy
Elle doibt plorer tendrement,

XIX — [1] Chanson commune à notre ms. et à ceux de Bayeux et de Vire.
[2] *Moye*, mienne, forme vieillie à l'époque de nos chansons.
XX. — [1] Le recueil d'Alain Lotrian de 1543 (L) contient une chanson qui commence comme la nôtre, mais qui en diffère ensuite presque absolument.

Et avoir au cueur grant soucy
Quant ce vient au despartement.
« Helas! je ne sçay pas commant
Vous dire adieu, car je m'en vais :
Au fort², je reviendray souvant;
8 Je ne vous obliré jamès. »

« Ne me parlés de partement
De pleur ne de soucy aussi,
Car tousjours vous m'estes presant :
Pres ou loing vous ame sans sy³;
S'on on s'en va ung mois ou demy,
Amans ont souvent de telz mais;
Fussiés vous a cent lieues d'icy,
16 Je ne vous obliré jamès. »

« Dame, je croy en verité
Que nous entraimons loyaulment,
Et qu'en temps et necessité
L'un a l'autre sera servant
Sans que luy soit contredisant;
Ung serviteur en moy avés,
Croyez le bien certenement :
24 Je ne vous obliré jamès. »

« Si vous m'amez, si fays ge vous;
Nous suymes tres bien assemblés;
Noustre amour durera tousjours
Sans qu'on la saiche desembler;
Homme vivant ne nul courrous
Ne nous serviront d'entremais⁴,

---

² *Au fort*, la locution complète est *au fort aller*; le sens est « après tout, au bout du compte ».

³ *Sans sy* : sans réserve, sans restrictions. Cette locution, très-fréquente au quinzième siècle, est le résumé d'un raisonnement assez long; elle équivaut à dire qu'il n'y a rien à souhaiter au-delà de la chose dont on parle. On a fini par en faire un substantif : *une sans si*, c'est-à-dire une femme parfaite.

⁴ Voy. sur cette locution xiv, 23. *Servir quelqu'un d'un entre-*

Et les en despite trestous :
32 Je ne vous obliré jamès. »

[Les mesdisans vont par la ville
Disans que je suis amoureux,
Et c'est de vous, ma belle fille :
Ilz ont dit vray, c'est maulgré eux ;
Jamès faire ne sçaurois mieulx,
Aussi ne vieulx je toujours mais
En despit des faulx envieux :
40 Je ne vous obliré jamès.

Laissez les en dire leur fais :
Au dieu d'amours aurons recours
Qui les paiera de leurs faitz
Et a nous donnera secours
Encontre eulx et tous leurs discours :
Combien que d'eulx un seul tournois
Ne donne, car pour tous leurs tours
48 Je ne vous obliré jamès.]

XXI

Faisons bonne chere,   faisons la, faisons.
En m'en venant   de Paris la Rochelle [1],
Faisons bonne chere,   fasons la, faisonz.
4 Je rencontray   troys jeunes damoiselles.

A mon advis   je choisy la plus belle ;
Faisons bonne chere,   faisons la, faisons.
7 A mon advis   je choisy la plus belle.

---

mets, lui offrir un entremets, signifie, par ironie, lui jouer un tour ; nous disons par une métaphore voisine : « Je lui servirai un plat de mon métier. »

XXI. — [1] Je pense qu'il faut comprendre « de Paris et de la Rochelle », et non « de Paris à la Rochelle ».

  Et la monté sur l'arson de ma selle;
 Faisons bonne chere, faisons la, faisons.
10 Et la monté sur l'arson de ma selle.

  Je mys la main soubz sa verte coctelle;
 Faisons bonne chere, faisons la, faisons.
13 Je mis la main soubz sa verte coctelle.

  « Hellas ! » dist elle, « que me voullez vous faire ? »
 Faisons bonne chere, faisons la, faisons.
16 « Hellas ! » dist elle, « que me voullez vous faire ? »

  « Je vieulx savoir si vous estes pucelle. »
 Faisons bonne chere, faisons la, faisons.
19 « Je vieulx savoir si vous estes pucelle. »

  « Pucelle ou non, qu'en avez vous affaire ? »
 Faisons bonne chere, faisons la, faisons.
22 « Pucelle ou non, qu'en avez-vons affaire ? »

  « Sy vous l'estiés, vous seriez m'amyete. »
 Faisons bonne chere, faisons la, faisons,
25 « Sy vous l'estiés, vous seriez m'amyete. »

XXII[1]

 Je suis trop jeunette
 Pour faire ung amy,
 Si suys je bien preste
4 D'en faire ung joly.

XXII. — [1] Le refrain et le premier couplet se trouvent écrits à la main à la suite de l'exemplaire de la Bibl. Nat. du *Premier livre des Chansons à deux parties*, publié par A. Leroy et B. Ballard (*tenor*); le premier couplet seul dans un des recueils d'Attaingnant, *Trente et une Chansons* (1529), f° 14.

S'il est a ma poste ²   il aura mon cueur,
Et lairay mon pére,   ma mére, mon frére, ma sœur,
Et yray seullette   au bois avec luy
8 Cueillir violette   pour passer ennuy.

S'il me veut promettre   et me tenir seur
D'estre seulle amée,   prisée, et de tout son cueur,
Jamais n'auray autre   seullement que luy,
12 Pour roy, duc ne conte   qui vive au jour d'uy.

XXIII ¹

Je me repens   de vous avoir amée,
Puisque aultrement   n'avez voullu mon bien,
Et que jamès   ne vousistes en rien
4 Chose qui soit   au gré de ma pensée.

Je vous tenoye   sur toute femme née
La plus parfaicte,   mais je voy maintenant
Qu'il vous fauldra   nommer totallement
8 La sans mercy ² :   c'est male renommée.

He! Dieu, hellas!   que fera ma pensée
Ce temps d'esté,   ce mois de may qui vient?.
Reconfortez   le povre languissant,
12 Las! qui ne scet   ou est sa mieulx amée.

---

² *A ma poste*, primitivement *en ma puissance* (*poste*, anc. *poeste*, *podeste*), ici « à ma convenance ».

XXIII. — ¹ Cette chanson se retrouve dans trois recueils : *Seize chansons nouvelles* (Paris, 1526; réimpression Percheron); *Sensuyuent seize belles chansons* (s. l. n. d.; réimpr. Baillieu, n° 3); *Sensuyuent dix-sept belles chansons nouuelles* (s. l. n. d., réimpr. Baillieu, n° 6); mais il n'y a que le premier couplet, et dans B le dernier, qui ressemblent à notre texte.

² *La dame sans mercy*, *la sans mercy*, est une des figures favorites de la poésie du quinzième siècle.

Vray dieu d'amors, qui savez ma pensée,
Je vous supply et requiers humblement
Que devant vous soit fait le jugement
16 D'elle et de moy qui a sa foy faulcée.

Et si j'ay tort, sentence soit donnée
Encontre moy le plus cruellement,
Et condempné sois perpetuelement
20 En une tour obscure et bien fermée.

Hellas! ma dame, tant vous ay desirée,
Non point en mal mais tousjours en tout bien!
J'ay trop aymé ce qui n'estoit pas mien :
24 Plus saigement me tiendray l'autre année.

C'est grant folleur a creature née
Mectre son cueur en ce qui n'est pas sien :
L'un jour s'en va et puis l'autre revient;
28 Amours s'en vont comme fait la rousée.

XXIV

Il fait bon fermer son huys
2   Quant la nuyt est venue.

L'autrier m'aloye esbaloyer[1]
Par devant l'uys de mon voysin,
Mais il n'estoit pas a l'ostel :
Il estoit allé au molin;
Il a laissé son huys ouvert,
    Sa femme toute nue...
Il fait bon fermer son huys
10   Quant la nuyt est venue.

XXIV. — [1] *Esbaloyer*, forme altérée de l'anc. *esbanoier* (s'), se divertir. Elle s'est maintenue dans certains patois.

Lors je me prins à despoiller;
Avecques elle me couchy;
El me baisoit et acolloit,
Cuydant que ce fust son mary
Qui fust ja venu du molin,
   Sa farine mollue....
Il fait bon fermer son huys
18   Quant la nuyt est venue.

Quant je me fus bien esbatu
Deux ou troys heures de la nuyt,
Je luy diz en deux motz sans plus :
« Belle, recouvrez vostre lit. »
Elle s'escria si hault cry :
   « Je suis femme perdue.... »
Il fait bon fermer son huys
26   Quant la nuyt est venue.

« Je vous requier, mon bel amy,
Qu'il ne soit mot sonné du fait. »
« Je vous promectz la foy de my
Qu'icy compte n'en sera fait,
Mais ailleurs ouy bien sy je puys,
   La ou n'estes congnue. »
Il fait bon fermer son huys
34   Quant la nuyt est venue.

XXV

Jeune, gente,   doulce fleur debonnaire,
Je viens a vous   comme esmeu et espris ;
D'esbatement   n'est riens qui me sceust plaire,
Fors que torments,   qui sont en moy compris.
J'ay tel doulleur   que je ne puys dormir
   Fors que languir ;

Las ! dictes moy   ce qu'il m'en adviendra
Pour estre asseur   de vivre ou de mourir,
                 Car secourir
10 Aultre que vous   certes ne me pourra.

    « En vo gent cueur   le mien prent son repaire :
Je vous suply,   si je suis mal apris,
Pardonnez moy :   je vous dy mon affaire :
C'est vostre amour   de quoy je suis surpris. »
« Esse¹ pour moy   que souffrez tel douleur ?
                 C'est grant folleur
De se bouter   en amours sy avant ;
Jamès femme,   tant soit de grant valleur,
                 En vostre cueur
20 Ne la boutez   sans luy dire *ho !* davant². »

XXVI¹

     J'ay bien nourry   sept ans ung joly gay²
                 En une gabiolle³
Et quant ce vint   au premier jour de may
   4   Mon joly gay s'en vole.

         Il s'en vola dessus un pin,
                 A dit mal de sa danfve⁴.
         « Reviens, reviens, mon joly gay,
   8   Dedans ta gabiolle ;

XXV. — ¹ *Esse*, pour *est ce*, forme fréquente que j'ai cru devoir respecter.
  ² C'est-à-dire sans la prévenir.
XXVI. — ¹ J'ai déjà imprimé cette chanson dans la *Romania*, t. I, p. 117.
  ² *Gay*, geai.
  ³ *Gabiolle*, cage ; forme italienne, *gabbiola*.
  ⁴ Ce mot, évidemment altéré, n'a pu être ni compris ni restitué.

D'or et d'argent la te feray
Dedans comme dehors. »
« Ja, par ma foy, n'y entreray
12   De cest an de de l'autre. »

Le gay vola aux bois tout droit ;
Il feict bien sa droiture[5],
Ne retourner ne doit par droit :
16   Franchise est sa nature.

XXVII [1]

L'amour de moi sy est enclose
Dedans un joly jardinet
Ou croist la rose et le muguet
4 Et aussi fait la passerose.

Ce jardin est bel et plaisant;
Il est garny de toutes flours;
On y prend son esbatement
8 Autant la nuit comme le jour.

Helas ! il n'est si douce chose
Que de ce doulx roussignollet
Qui chante au soir, au matinet :
12 Quant il est las il se repose.

Je la vy l'autre jour cueillir
La violette en ung vert pré,
La plus belle qu'oncques je veis
16 Et la plus plaisante a mon gré.

---

[5] *Sa droiture*, ce qui lui revient de droit, ce qui est dans son droit.

XXVII. — [1] Cette jolie chanson a eu beaucoup de succès, comme l'attestent les différents recueils où elle a été transcrite plus ou moins exactement. On la retrouve dans le ms. de Bayeux (n° 37), dans celui de Vire (n° 10), dans le ms. fr. 1597 (f° LXXII) et dans le recueil d'Alain Lotrian de 1543 (f° LXXVII v°).

Je la regardé une pose [2] :
Elle estoit blanche comme let,
Et douce comme un aignelet,
20 Vermeillette comme une rose.

XXVIII

Mon seul espoir et toute ma liesse,
Celle en qui plus au monde j'ay fiance,
Doulx fut le jour que je prins aliance
4 Avecques vous; ce m'est plaisir sans cesse.

J'ay veu le temps qu'entreprint Malebouche [1]
De me bannir de vous villainnement;
Mais son effect luy tourna en reprouche,
8 Car el parloit et ne savoit comment.

Par mal parler el m'a fait telle presse
Qu'a peine ay peu y trouver resistance;
Mais non obstant, quand elle auroit puissance,
12 Toujours mon cueur est a vous, ma maistresse.

Sy vous m'aymés, tant plus le cas me touche;
Pourquoy donc tant en tient on parlement?
C'est temps perdu, et fust ce un parent prouche,
16 Quant il vouldroyt y mestre empeschement.

Atant vous pry, m'amour et ma richesse,
Que de mon corps faciez vostre plaisance
En vous servant, et j'auré suffisance
20 Autant ou plus que d'une grant princesse.

[2] *Une pose*, un espace de temps.
XXVIII. — [1] *Malebouche*, personnification de la médisance empruntée au roman de la Rose.

XXIX

L'autrier quant je chevauchoys,
A l'orée d'ung vert boys
 Trouvay gaye bergére :
De tant loin qu'ouy sa voix
 Je l'ay araisonnée,
  Tanderelo[1] !
« Dieu vous adjust, bergére !
8 Dieu vous adjust, bergére ! »

Tandis que l'araisonnoys,
Ung grant lou saillit du boys
 O la goulle baée :
La plus belle des brebiz
 Il en a emportée,
  Tanderelo !
Dieu vous adjust, bergére !
16 Dieu vous adjust, bergére !

Quant la bergère si vit
Que le lou tint sa brebiz,
 A haulte voiz s'escrye :
« Qui m'y rendra ma brebiz,
 Et je seray s'amye ? »
  Tanderelo !
Dieu vous adjust, bergére !
24 Dieu vous adjust, bergére !

Quant le chevalier oyt
Ce que la bergére a dit,
 Mist la main à l'espée :
Au devant du lou s'en va,

XXIX. — [1] *Tanderelo*, refrain analogue à ceux des anciennes pastourelles, auxquelles cette pièce se rattache intimement.

La brebiz a laissée.
  Tanderelo !
Dieu vous adjust, bergére !
32 Dieu vous adjust, bergére !

« Tenez, belle, tenez cy :
Je vous rends vostre brebiz
   Saine comme les aultres ;
Or me faictes mon plaisir
   Comme j'ay fait le vostre. »
  Tanderelo !
Dieu vous adjust, bergére !
40 Dieu vous adjust, bergére !

« Chevalier, cinc cens mercyz :
Pour ceste heure n'ay loisir,
   Aussi je n'oseroye ;
Et m'en eussiés sauvé dix,
   Pour rien ne le feroye. »
  Tanderelo !
Dieu vous adjust, bergére !
48 Dieu vous adjust, bergére !

XXX

Trop penser me font amours,   dormir ne puis
2 Si je ne voy mes amours   toutes les nuytz.

«Comment parleray je a vous, fin franc cueur doulx?»
« Vous y parlerez assés,   mon amy doulx :
Vous viendrez a la fenestre   a la minuyt;
Quant mon pére dormira   j'ouvriray l'uys. »
Trop pencer me font amours,   dormir ne puis
8 Si je ne voy mes amours   toutes les nuyts.

Le gallant n'oblia pas   ce qu'on luy dist,
De venir a la fenestre   a la minuyt;
La fille ne dormoit pas,   tantoust l'oyst :

Toute nue en sa chemise   el luy ouvrit.
Trop penser me font amours,   dormir ne puis
14 Si je ne voy mes amours   toutes les nuitz.

« Mon amy, la nuit s'en va   et le jour vient :
Despartir de noz amours   il nous convient;
Baisons nous, acollons nous,   mon amy gent,
Comme font vrays amoureux   secretement. »
Trop pencer me font amours,   dormir ne puis
20 Si je ne voy mes amours   toutes les nuyts.

XXXI[1]

Mauldiz soyent tous ses envieulx
Qui m'ont voulu charge donner
Par leur faux et maulvais parler,
4 Disant que je suis amoureulx.

Par mon serment, sy je l'estoye,
J'en penseroye trop mieulx valoir,
Et voluntiers y aprendroye :
8 C'est belle chose que savoir.

Car a tout bien considerer,
C'est le plaisir dessus les cieulx
Lequel est le plus a priser
12 Et qui rend le cueur plus joyeulx.

Ilz ont dit que j'ay belle amie,
Mais que ne la vieulx pas nommer :
Ce seroit a moy grant follie
16 De dire ce que doy celer.

Je suis celluy qui en tous lieulx
L'honneur des dames veulx garder,
Et a les servir m'emploier,
20 Maulgré les faulx villains jalleux.

XXXI. — [1] Cette chanson est imprimée dans le recueil Lotrian de 1543.

XXXII

En amours je suis bien eureulx,
Je le maintiens et le puis dire;
J'ay tout ce que mon cueur desire
4 En despit des faulx envieulx.

J'ay ja enduré mainte injure
De ces faulx jaleux, sur ma foy,
Qui ont voulu, je le vous jure,
8 Prendre desbat avecques moy.

Mais de fait tout j'en enduroye;
Car sy autrement j'eusse fait,
J'eusse ja perdu en effect
12 A veoir celle que tant j'aymoie.

J'aimois mieulx tout endurer d'eulx,
Qui ne me vallent trestous rien,
Que si je perdisse a veoir ceulx
16 Qui m'ayment et que j'ayme bien.

Mais sy aux coups fussions venuz,
Je n'eusse pas fuy pour eulx;
Je les eusse tresbien batuz :
20 Oncques amant ne fut paoureux.

XXXIII[1]

Dieu gard celle de deshonneur
Que j'ay long temps amée!
Avec elle par grant doulceur
Ma jeunesse ay passée.
Or voy je bien que c'est folleur
D'y avoir ma pensée,

XXXIII. — [1] Cette chanson se retrouve dans les mss. de Bayeux et de Vire

Puis qu'elle m'a dit par rigueur :
8 « Nostre amour est finée. »

A pourpenser je me suis mys
Quel desplaisir luy avoys fait :
Jour de ma vie ne luy mesfis,
Ne ne le vouldroie avoir fait.
Pour bien faire souvent mal sourt,
C'est verité prouvée :
Dieu soit loué du temps qui court !
16 J'auré myeulx l'autre année.

[Hellas ! que vous a fait mon cueur ?
Bien je le doy triste nommer.
Jamais ne veis ung tel malheur
D'homme pour loyaument amer ;
J'en ay souffert maint dueil amer,
Mon œil en rend larmes et plours :
Ainsy convient mon temps passer
24 Puisque j'ay perdu mes amours[2].]

XXXIV[1]

Hellas ! il est fait de ma vie :
Mesnaige[2] a pris sur moy vigour ;
A Dieu command joye et baudour[3],
4 Esbatement et chanterie.

Je m'y souloye aller esbatre
Avecques ces gentilz gallans ;
Mais maintenant suis a mon atre
8 A nourir mes petiz enffans.

---

[2] Cette strophe manque dans les deux autres mss. et provient sans doute d'une autre chanson.

XXXIV. — [1] Le ms. de Bayeux a aussi cette chanson.
[2] *Mesnaige*, la vie dans le mariage.
[3] *A Dieu command*, je dis adieu à. — *Baudour*, gaieté.

Dont l'ung si brait et l'autre crie,
L'autre m'apelle son seignour,
L'autre m'esveille au point du jour :
12 Je n'ay bonne heure ne demye.

Le grant demande une cotelle,
Et la fillette ung chaperon,
Ma femme sy brait et crestelle :
16 « Hé! nostre Dame, que feron? »

Bé! taisiés vous, taisiés, m'amye.
Nous depriron nostre Seignour
Qu'il nous donne du pain au four,
20 Sy nourriron nostre mesgnie.

XXXV[1]

Jamès amoureulx bien n'aura :
Je m'estoie en ung buisson mys
Ou la belle me commanda;
4 Vous orrez comment il m'est pris.

Un faulx oisel s'assist sur moy,
Qui commença a m'esgacher[2],
Pies et corneilles, sur ma foy,
8 Comme si m'y deussent manger.

Les chiens au jaloux vindrent la,
Qui m'abahierent a haults cris.
Il s'escria : « Ha! ha! ha! ha!
12 Le regnart est a noz poussins[3]! »

XXXV. — [1] Cette chanson se retrouve dans le ms. de Bayeux.

[2] *Esgacher*, agacer, houspiller; proprement ce verbe désigne le cri de la pie ou *agace*.

[3] *Poussin*; le mot *poulet* est peu usité au moyen âge: *poucin* remplace notre *poussin* et notre *poulet*.

Je m'en allé droit au quoquart[4],
Et luy dis : « Que quiers tu, Jouen ? »
« Certes, sire, c'est le renart,
16 Qui ne nous lessa tout ouen[5]. »

« Vous dictes vray : il s'en va la ;
Courrez après, si sera prins. »
Jouan me creut et y alla :
20 O sa femme je m'en revins.

XXXVI

Si vous demourez longuement,
Mon amy, sans me venir veoir,
Je vous fays du tout[1] a savoir
4 Que je meurs pour vous seullement.

Et vous en yrez vous ainsy
Sans me venir veoir, mon amy ?
Vous me faictes languir ycy
8 Sans de moy avoir nul mercy.

Vous souviengne du temps passé,
De ce que m'aviez promys :
Le cueur de moy avez tiré,
12 Qui oncques vers vous n'a mespris.

Venez acquiter vostre foy ;
Car je vous jure mon serment
Que ce que je vous dy est vray :
16 Je l'ay mis en mon testament.

---

[4] *Quoquart* ou *coquart*. Ce mot est employé à la fois dans le sens de « jeune homme qui fait le beau, l'élégant », et de « niais ». C'est ce dernier sens qu'il a ici. Le dérivé *coquardeau* n'a guère que celui-là.

[5] *Ouen*, cette année (voy. vi, 26) ; *tout ouen*, de toute l'année.

XXVI. — [1] *Du tout*, absolument, sans réserves ; nous n'avons gardé cette locution qu'accompagnée d'une négation.

XXXVII

« Plaisante fleur   que j'ay tant desirée,
En vous j'ay mis   mon cueur et ma pensée,
Sans jamès autre   eslire ne choisir :
Oncques puis l'heure   que vous eu advisée,
5 Je n'eu ailleurs   fors qu'a vous mon desir.

[« Vostre doulx cueur   en emporta le mien :
Gardez le bien,   plaisante creature,
Et me donnés   le vostre qui soit myen,
9 Ou je n'ay rien,   fors soucy que j'endure[1].]

« Je n'auroie pas   une seulle journée
De mon plaisir,   s'avecques vous n'estoie.
Pour Dieu, ma dame,   vueillez moy secourir,
Ou aultrement   plus vivre ne pourroie :
14 Je ne viz pas,   je ne faiz que languir. »

« Puisque tu dis   de m'avoir tant aymée,
Raison n'est pas   ne droit que je te hée[2] :
De tout mon cueur   de joye te vueil saisir
A tousjours mès,   en quelque lieu que soye,
19 Mais que bien gardes   mon honneur d'amaindrir. »

XXXVIII[1]

Souvent m'esbas,   et mon cueur est marry :
Je vis en dueil   et en grant desplaisance,

XXXVII. — [1] Cette strophe, qui a un vers de moins que les autres et dont les rimes sont en dehors du système suivi dans le reste de la chanson, lui est certainement étrangère.

[2] *Hée* : reste de la vieille conjugaison du verbe *haïr*, devenu aujourd'hui si irrégulier.

XXXVIII. — [1] Cette chanson fait également partie des recueils de Bayeux et de Vire.

Toutes les foiz qu'il me vient souvenance
4 De la belle qui vers moy a failly.

Elle m'avoit promis et baillé foy
Qu'elle m'amoit par sus tous loyaulment :
Mais avec elle ung aultre je trouvoy,
8 Qui son plaisir faisoit secretement.

Onc mès nul jour plus traitresse ne vy,
Car de m'amer elle moustroit semblance,
Et sy disoit qu'el n'avoit desirance
12 D'aymer aultre; mais elle a bien failly.

[Ja creu ne l'eusse, je vous jure ma foy,
Jusqu'a present que voy la tromperie :
Celluy est donc bien plain de grant follie
16 Qui cuide femme tout seul avoir pour soy.

De leur semblant et d'elles je dis fy,
Car tout leur fait ce n'est que tromperye;
Il est bien foul qui en femme se fye :
20 Car a bien pou ilz² sont toutes ainsi³.]

Pas n'eusse creu, certes n'en doubtez mye,
Qu'elle eust voulu pour riens me decepvoir :
Celluy est bien esprins de grant follie
24 Qui cuide femme tout seul pour luy avoir.

De leur amour et d'elles je dy fy,
Car tout leur fait ce n'est que decevance;
Il est bien foul qui en femme a fiance :
28 Car a bien pou ilz sont toutes ainsy.

---

² *Ilz* pour *elles* : cette forme bizarre n'est pas rare au quinzième siècle; voy. notamment la célèbre ballade de Villon ur les dames du temps jadis : *Ou sont ilz, vierge souveraine? Mais ou sont les neiges d'antan ?*

³ Ces deux strophes, qui manquent dans les autres manuscrits, ne sont que des variations des deux suivantes.

XXXIX[1]

Av'ous[2] point veu la Perronnelle
2 Que les gendarmes ont emmenée ?

Ilz l'ont abillée comme ung paige :
4 C'est pour passer le Daulphiné.

XXXIX. — [1] Cette chanson, malgré son peu de valeur, a été extraordinairement populaire. Notre manuscrit seul en a conservé le texte complet, mais les quatre premiers vers se retrouvent dans la farce de *Calbain*, au milieu du seizième siècle, et, ce qui est plus remarquable, dans la *Comédie des Chansons* (*Anc. Th. Fr.*, IX, 129) au dix-septième, La Monnoye cite aussi cette chanson comme du temps de Louis XII (voy. Littré, au mot *péronelle*), je ne sais d'après quel texte (La Monnoye imprime à tort, ainsi que les éditeurs des deux comédies ci-dessus citées, *Avons*). Elle est mentionnée dans une pièce du seizième siècle (*Poés. franç.*, VIII, 303), et dans les chansons à danser du livre V de *Pantagruel*. *Péronelle* est devenu un nom commun, non pas, comme le dit M. Littré, par un développement analogue à celui d'autres noms propres, mais grâce à la popularité de la chanson (voy. l'exemple cité par lui d'un pamphlet du dix-septième siècle, où figure encore *la Péronelle*, c'est-à-dire celle de la chanson). En Provence, le souvenir de la vieille chanson est seul resté populaire; on dit *cantar la Peronelo*, dans le sens de « parler pour rien, chanter » (voy. *Mirèio*, ch. II, p. 158; il semble, d'après ce passage, qu'il s'agisse d'une chanson connue, mais je tiens de M. Mistral que cette locution est employée dans le sens que je viens de dire). Dans Oudin, *Curiositez françoises*, p. 316, on trouve : « *Chanter la perronelle*, dire des sottises, niaiser. » — *Perronnelle* est proprement le diminutif de *Perronne*, nom de femme formé sur *Pierre*. Je ne sais si la chanson fait allusion à un personnage réel.

[2] *Av'ous*, pour *avez vous*, contraction usitée aux quinzième et seizième siècles (encore, par exemple, dans les poésies de la reine de Navarre). Pour l'élision apparente d'une syllabe accentuée, comp. XI, 1. Si je supprime le *v* de *vous* et non celui de *avez* (*a'vous*), c'est qu'on trouve des formes comme *ven'ous*, *croy'ous*.

Elle avoit troys mignons de fréres,
6 Qui la sont allez pourchasser.

Tant l'ont cherchée que l'ont trouvée
8 A la fontaine d'un vert pré.

« Et Dieu vous gard, la Perronnelle !
10 Vous en voulez point retourner ? »

« Et nenny vraiement, mes beaulx fréres :
12 Jamès en France n'entreray.

« Recommandez moy a mon pére
14 Et a ma mére s'il vous plaist. »

XL

« Je vous escry de ma pencée,
A vous que j'ayme par amours;
Pourtant si je suis loing de vous,
4 Je ne vous ay pas oubliée.

« Ma fantazie est tant troublée
De quoy faictes si long sejour,
Sans venir vers moy de retour :
8 J'ay paour que ne soyez changée.

« Hellas ! je vous ay tant aymée
Et aymeré de jour en jour :
Jamès je ne feray sejour
12 Que je ne vous aie embrassée. »

« Mon bel amy qui tant m'agrée,
Je vous remerciray ung jour,
Mais que soye couchée près vous,
16 Comme ay esté mainte nuytée.

« Dieu vous envoye bonne journée,
En me recommandant a vous
Comme celle qui par sus tous
20 Vous ame plus que femme née. »

XLI[1]

Le perier[2] qui cherge[3] souvent
Doit bien avoir soulas et joye,
3 Quant le dieu d'amours s'i actent[4].

En ce perier a une fleur
Qui est plus blanche que christal ;
Plus vermeille en est la couleur
7 Que n'est ne rose ne cendal[5] ;

Et tout entour boutons d'argent,
Qui sont fermez a latz de soye :
10 On y preist son esbatement.

En ce perier y a ung fruict :
De le cuillir il en est temps ;
Le jalloux est'au pié qui bruict
14 Et crie comme ung hors du sens[6],

Et va disant : « Comment ! comment !
Vous y savez trop bien la voye :
17 Vous y venez secretement. »

XLI. — [1] Cette chanson se lit encore dans le ms. de Bayeux et dans le recueil Lotrian de 1543.

[2] *Perier*, du lat. vulg. *pirarius*, tandis que *poirier* est refait sur *poire*.

[3] *Cherge* pour *charge*, encore usité dans les patois du Centre et de l'Ouest. *Charger* est pris ici dans le sens de « porter du fruit. »

[4] Ce vers n'est pas clair ; je comprends : « Puisque le dieu d'amour lui même en prend soin. »

[5] *Cendal*, étoffe de soie rouge.

[6] *Ung hors du sens*, locution substantive équivalant littéralement à « un forcené ».

XLII [1]

Quant je voy renouveler
La gracieuse saison,
Mon cueur est bien en prison,
4 Quant je n'ouse plus chanter.

Las! je n'y chanteray plus :
Mon cueur est trop doloreulx,
Quant le Vaudevire est jus
8 Qui souloit estre jouyeulx,

Et blanche livrée porter,
Chascun ung blanc chapperon,
Tout par bonne intencion
12 Noblement sans mal penser.

A Dieu soit [2] esbatement
Et le joly dieu d'amours :
Je le quitte entierement,
16 Sy de luy je n'ay secours.

Vray dieu d'amours, sans tarder
Oustez mon cueur de prison,
Et luy donnez garison,
20 Ou je suis au trespasser.

XLIII

En desconfort   je suis sy durement
Et suis entré   en nouvelle pensée,

XLII. — [1] Voy. la préface sur cette chanson et les autres qui se rattachent au Vaudevire. Celle-ci se retrouve dans le ms. de Bayeux, dans celui de Vire, et dans le livret publié en 1543 par A. Lotrian.
[2] *A Dieu soit*, voy. vii, 30.

Quant la belle ne fait a mon tallant,
4 De quoy mon cuer a si grant desirée.

 Je cuidoye bien estre pourveu d'amye
A moy tousjours tout le temps de ma vie,
Mais ung aultre en est maistre et seigneur;
Elle m'a fait bien peu de courtoisie
Quant d'avec moy elle s'est departie :
10 Car j'en cuidoye estre le bien greigneur[1].

 De convenant de femme ce n'est rien :
Il[2] ont bien tost mys ailleurs leur pensée.
Tousjours leur fault nouvel apointement[3],
14 Et sy leur fault la manche bien fourrée[4].

XLIV[1]

Soubz une aubepine fleurie
Il m'est venu souvenement
D'une fleur plaisante et jolye
4 Que j'ay desiré longuement.

En verité me prent envie
D'aler veoir la belle au cueur gent,

XLIII. — [1] « De beaucoup le plus grand » de ses amis, c'est-à-dire le plus cher.

[2] *Il*, comme *ilz*, voy. XXXVIII, 20.

[3] *Apointement*, voy. XV, 7.

[4] *Fourrer la manche* équivaut à « graisser la patte »; cf. l'it. *buona mancia* ou simplement *mancia*, « pourboire ». On a dit aussi *fourrer la paume* (voy. l'historique de Littré au mot *fourrer*), *fourrer la pate* (Gresban, *Passion*, v. 30621), *fourrer le poignet* (*Poésies attribuées à Villon*, éd. Jannet, p. 136), et, moins bien, *fourrer au poignet* (Collerye, p. 60).

XLIV. — [1] Cette chanson se retrouve dans le ms. de Bayeux; le recueil de 1543 d'A. Lotrian en contient une qui commence de même, mais qui diffère beaucoup après le premier couplet.

Mais je crains tant et me desfie
8 De ce faulx traitre medisant.

Sy j'en devoye perdre la vie,
Sy iray je tout droit vrayment
Au lieu ou demeure m'amye :
12 Car je l'ayme perfectement.

XLV[1]

Ung espervier venant du vert boucaige :
Il est jolis et de noble façon;
Sy je le puis tenir pour mectre en caige,
4 J'iray voller le temps et la saison.

J'iray voller[2] si tresparfectement
Que les jaloux seront bien esbahiz :
Et sy je trouve nulle maulvaise gent,
8 Je leur diray que je quiers la perdris.

Mais je querray la belle au cler visaige,
Celle qui tient mon cuer en sa prison;
A la servir je mectz cueur et couraige :
12 Par mon serment j'ay bien droit et raison.

Les faulx jaleux sont dolens et marris :
Le filz de Dieu les vueille tous tuer,
Et trestous ceulx qui gardent de jouir
16 Vrays amoureulx qui en sont tant coursez[3] !

XLV. — [1] Cette chanson se retrouve dans le ms. de Bayeux et dans le recueil Lotrian de 1543.

[2] *Voller*, chasser au vol, à l'oiseau. On dit aussi de l'épervier qu'il *vole* le gibier qu'il prend. De là le fr. mod. *voler*, qui est inconnu à la vieille langue, et qui n'a aucun rapport avec *embler*, lequel dérive de *involare*, littéralement « empaumer » (*vola* est le creux de la main). M. Littré l'a très-bien reconnu contre Diez, mais il n'a pas bien expliqué *involare*.

[3] *Courser*, abréviation de *courroucer*.

J'en congnois bien   ung, qu'a peu qu'il n'enraige
Quant il me voit   auprès de sa maison :
Mais s'il debvoit   mourir de malle raige,
20 Si convient il   qu'il en viengne a raison.

XLVI

Vecy la doulce nuyt de may
Que l'on se doibt aller jouer,
Et point ne se doibt on coucher :
4 La nuyt bien courte trouveray.

Devers ma dame m'en yray,
Si sera pour la saluer
Et par congié luy demander
8 Si je luy porteray le may[1].

Le may que je luy porteray
Ne sera point ung esglantier,
Mais se sera mon cueur entier
12 Que par amour luy donneray.

[Et quant j'y eu assés esté,
Ung seul baiser luy demanday ;
Elle m'a dit : « Allez, allez ;
16 Aultre chose de moy n'aurez. »]

XLVII

Ma chére dame   que je desire tant,
Souffrez que soye   vostre loyal amant :
Tout mon vivant
Autre ne serviray ;
5 Je suis a vous   et tousjours je seray.

LXVI. — [1] On sait qu'au 1ᵉʳ mai il était d'usage d'apporter un jeune arbre du bois et de le planter sur la place publique. Les galants, pendant la nuit, plantaient également des *mais* sous les fenêtres de leurs maîtresses.

J'aymerais mieulx mourir tout maintenant
Que je ne fusse loyal tout mon vivant,
En esperant
D'avoir de vous mercy :
10 Vous estes celle que mon cueur a choisy.

S'a vous aymer j'ay trop hault entreprins,
Autre qu'amours n'en doit estre reprins;
Car j'en suis prins
Tant amoureusement
15 Qu'impossible est d'eschapper nullement.

Toutes sont dames, ce dit on, en amours[1] :
Il est bien vray, je le voy tous les jours;
Car j'ay pour vous
Tant de mal a porter
20 Que plus n'en puys sans la mort endurer.

Pour Dieu, ma dame, advisez a mon cas :
De vous a moy ne fault nulz advocatz,
Certes non pas
Quant il vous plaira bien;
25 Pensez y donc : plus suis vostre que myen.

Pardonnez moy si je ne vous sers bien
A vostre gré, dame, non pas au myen :
Sur toute rien
Complaire je vous vueil,
30 Au moins que j'aie de vous un regard d'ueil.

Helas! ma dame, ayez pitié de moy;
Car je vous jure loyaulment sur ma foy,
Foy que je doy
A Dieu mon createur,
35 Qu'en moy avez ung loyal serviteur.

XLVII. — [1] Proverbe : toute femme est une *dame* pour celui qui l'aime. Voy. le ms. de Bayeux, ch. XLII, v. 5.

Adieu vous dy,   ma dame par amours ;
Je prie a Dieu   qu'il nous vueille tousjours
Et moy et vous
Garder de deshonneur :
40 Souviengne vous   de vostre serviteur.

XLVIII[1]

Petite fleur coincte[2] et jolye,
Las! dictes moy si vous m'aymés ;
Despechez vous si vous voullez,
4 Car il m'ennuye, n'en doubtez mye ;

Car il m'ennuye trop mallement
Que je ne sçay vostre pensée :
Je vous supply treshumblement,
8 Dictes la moy si vous agrée ;

Car j'ay de vous si grant envye,
Belle, si vous le saviez,
De moy pitié vous auriez
12 En verité par courtoisie.

Belle, vous prenez tout en jeu
Ce que je vous dy, par ma foy :
Je vous requier ou nom de Dieu,
16 Sy vous m'aymés, dictes le moy.

Helas ! je plaidoye sans partie :
Je vous ame et vous me hayez[3] ;

XLVIII. — [1] Chanson commune à notre manuscrit, à celui de Bayeux et au recueil Lotrian.
[2] *Cointe*, primitivement « instruit » (voy. *Alexis*, p. 185), puis « élégant, gracieux ».
[3] *Hayez*; les formes inchoatives ne se sont introduites dans le verbe *haïr* qu'au seizième siècle (cf. ci-dessus, XXXVII, 16); de là l'irrégularité de ce verbe.

Mais s'ainsi vous me renvoyez,
20 En la fin en serez marrye.

[« Beau sire, je ne vous hay pas:
Aussy feroy je que villaine;
Mais vous savez bien qu'un tel cas
24 Que on le celle a trop grant peine.

« Sy j'en devoie perdre la vie,
Vous aurez ce que demandez. »
« Ma chére dame, c'est assez :
28 Du bon du cueur vous remercie. »]

XLIX[1]

Reveille toi, franc cueur jouyeulx,
Tu n'as plus cause de dormir,
Car vees cy le temps gracieulx
Qui fait les arbres reverdir;
Il te fauldra de vert vestir,
C'est la livrée aux amoureulx,
Et faire chanter nuit et jour
8 En despit des faulx envieulx.

Par ung matin l'orée d'ung boys,
Le long d'une sentelle,
Je ouy chanter a haulte voix
Une chançon nouvelle :
Il y avoit des motz plaisans,
Dieu doynt qu'il puissent advenir !
En disant que les faulx jaloux
16 Seroyent de toutes joyes banniz.

Ce moys de may qu'il renouvelle
Et bien se prent sur la saison,

XLIX. — [1] Cette chanson incohérente et visiblement altérée de toutes façons est reproduite sans essai de corrections.

Avoir nous fault dame nouvelle
Que loyaulment nous serviron ;
Ne sçay si nous eschapperon
Ce temps d'esté sans riens avoir ;
Mais toutes fois nous esperon
24 De bien vivre et mieulx avoir.

Les grandes dames doyvent avoir
Pitié de leurs povres servans ;
Necessité est de savoir
Qu'il fault aider aux escoutans
Et non pas croire les rapportans ;
Faulx rapporteurs sont tousjours prests ;
Bien doy mauldire mesdisans,
32 Car par eulx j'ay mains maulx souffers.

Mès maulx souffers n'est que du mains,
Qui auroit saison gracieuse ;
J'auré des biens, j'en suis certains,
Sy ma vie n'est malleureuse :
Qui a malheur tout luy court sus,
Et ne peult venir a bon port ;
Qui bonne maistresse a il se actend
40 D'avoir a la fin bon confort.

L¹

Si je suis trouvée
Au boys sous la ramée
Aveques mes amours,
Pour chose que je voye
Point ne changeroye
6   Mes loyalles amours.

L'aultrier m'aloye esbaloyent :
Rencontray bergére   ses aigneaulx gardent ;

L. — ¹ Cette chanson paraît également fort altérée.
Esbaloyant, voy. xxiv, 3, et ci-dessous lx, 2.

Je lui prins a dire : « Serez vous m'amye? »
Elle m'y respond : « Vostre courtoisie
Ne me desplaist mie. »
12 Mes loyalles amours!

Je la prins par sa main qui blanchoye³
Et la gecté sur l'erbe qui verdoye;
Je luy feiz courtine
D'une blanche espine
Et d'une aultre flour
Qu'on appelle rose;
C'est bien aultre chose
20 Que d'aymer par amour.

LI

Jamès je n'auré envie
D'amer femme aulcunnement
Sy je ne sçay de quel gent
4 Elle est et qui l'a nourrie.

J'en avois une choisie
Qui disoit qu'el m'aymoit tant;
Mais elle est a plus de cent
8 Autant comme a moi amye.

Cil est bien fol qui se fie
En femme quant el se vent;
Car qui luy fault de paiement¹,
12 L'amour est bien toust faillie.

---

³ L'ancienne langue exprimait la coloration par une série de verbes en *-oyer* que nous avons perdus ou que nous n'employons plus dans ce sens : *blanchoyer, verdoyer, rougeoyer, indoyer*, etc., étaient bien plus pittoresques que *être blanc, vert, rouge, bleu*, etc.

LI. — ¹ *Qui luy fault de paiement*, si on manque à la payer.

LII[1]

Si congié prens   de mes belles amours,
Vrays amoureux,   ne m'en voullés blasmer;
Car j'ay souffert   de plus gréves doulours
Que ne font ceulx   qui nagent[2] en la mer.
Car aymer m'est   tous les jours tant amer
Qu'avoir ne puis   d'elle ung tout seul regard
Fors en fierté   pour mon cueur entamer;
8 Sy prens congié   avant qu'il soit plus tard.

J'apperçoy bien   clerement tous les jours
Que mes amours   commancent a finer;
Joué el m'a   des plus estranges tours
Que jamès homme   saroit ymaginer;
Pourtant ma part   en vieulx habandonner,
Car n'ay trouvé   loyaulté de regard :
Je ne dy pas   pour luy blasme donner;
16 Sy prens congié   avant qu'il soit plus tart.

Pour moy soulloit   faire plainctes et plours
Telz qu'il sembloit   qu'elle se deust pasmer,
Tant avoit paour,   ce me disoit tousjours,
Que aultre dame   je ne voulsisse aymer.
Mais de rigueur   elle se vieult armer,
Et paint reffuz   dedans son estandart[3].
De sa prison   vueil mon cueur deffermer;
24 Sy prands congié   avant qu'il soit plus tard.

La mercy Dieu,   j'ai desja fait mon cours,
Et les nouveaulx   commancent a regner[4];

LII. — [1] La seule forme de cette chanson, qui est une ballade, moins l'*Envoi*, indique qu'elle n'est pas populaire. La première strophe se trouve dans le ms. 1597.

[2] Qui naviguent.

[3] Métaphore empruntée à l'usage de peindre sur son étendard quelque emblème allégorique.

[4] *Regner*; voy. xv, 24.

Je n'y ay plus   reconfort ne recours :
Laisser convient   les aultres gouverner;
Mais je sçay bien   qu'avant leur retourner
Ilz en auront   tout autant pour leur part
Comme j'ay eu,   et n'en vieulx mot sonner;
32 Sy prens congié   avant qu'il soit plus tard.

LIII

Vecy venir la gellée,
Qu'il fait froid en la saison,
Que m'amye est mariée :
4 Dieu luy doint anuyt bon jour !

Que m'amye est mariée :
Dieu luy doint anuyt bon jour
Et aussi bonne journée,
8 Et a my pareillement !

Et aussi bonne journée
Et a my pareillement !
Je la prins par sa main blanche,
12 Et la gecté soubz ung houx;

Je la prins par sa main blanche
Et la gecté soubz ung houx :
« Baisez moy, ma doulce amye :
16 Une robbe vous donray;

« Baisez moy, ma doulce amye :
Une robbe vous donray
D'escarlecte ou de migraine[1],
20 Ou de tel drap que vouldrez;

LIII. — [1] L'écarlate, anciennement, n'est pas une couleur, mais bien une étoffe de drap fin. Quant à la *migraine*, il est probable, *drap teint en graine* signifiant étoffe imbibée de teinture rouge, qu'il s'agit d'étoffe à demi imbibée de la même teinture. Voy. la note de M. d'Héricault à Coquillart, t. I, p. 78.

    « D'escarlecte ou de migraine
Ou de tel drap que vouldrez;
Et puis quant l'aurez vestue,
24 Il vous souviendra de may.

    « Et puis quant l'aurez vestus
Il vous souviendra de moy. »
« Ne suys je pas mariée ?
28 Mon amy, oubliez may.

    « Ne suis je pas mariée?
Mon amy, obliez moy. »
« Qui bien aime tart oublye :
32 Oublier ne vous saroys.

    « Qui bien aime tart oblie :
Oublier ne vous sarois
. . . .
36 . . . . »

    Que mauldit soit le lignaige
Et cellui pareillement
Qui a fait le mariage
40 Dont j'en ay le cueur dollent !

    Qui a fait le mariage
Dont j'en ay le cueur dollent !
Les oyseaulx du bois ramage
44 En ont tout perdu leur chant.

LIV [1]

« Reconfortés   le petit cueur de moy
Qui nuit et jour   ne m'y fait que languir :

LIV. — [1] La première strophe de cette chanson se retrouve dans le ms. de Bayeux et dans l'un des recueils Attaingnant, *Trente-sept chansons*.

Sy de vous n'ay, belle, aulcun reconfort,
Navré m'avez d'un dart dont je suis mort. »
« Mon bel amy, si je vous ai fait tort,
La recompense vous la prendrez de moy ·
Je vous vueil bien amer en bonne foy;
8 Je le fairé, certes j'en suis d'accord. »

LV[1]

« Royne des fleurs que j'ay tant desirée,
Las ! dictes moy comment pourray avoir
La vostre amour : car bien vueillés savoir
4 Que c'est tousjours le plus de ma pensée. »

« Gentil seigneur, si bien savez la voie
Par ou vous vintes, pensez du retourner[2];
Ne m'y venez point icy rigoler[3];
8 Allez vous en, que jamès ne vous voye. »

« Dame d'honneur, si vous voulez que soye
Tantoust pery, et me faire finer
Et estre cause de me desesperer,
12 Jamès au cueur certes vous n'aurez joye. »

« Mon bel amy, essaier vous voloye :
En nom de Dieu vueillés moy pardonner;
Ce qu'en ay fait c'est pour vous esprouver :
16 Mon cueur et moy du tout je vous octroye. »

LV. — [1] Chanson également transcrite dans le ms. de Bayeux.
[2] *Pensez du retourner* : « occupez-vous des moyens de retourner, songez à retourner »; locution très-fréquente en ancien français.
[3] *Rigoler* quelqu'un, se moquer de lui. Ce verbe n'est plus usité que comme neutre, encore est-il tout à fait trivial. L'usage attesté ici (cf. l'exemple du quatorzième siècle dans Littré) montre que l'étymologie de Scheler est fausse, et qu'il faut rattacher ce verbe à *ridiculus*.

LVI.[1]

Hellas ! Olivier Bachelin [2],
Orron nous plus de voz nouvelles ?
3 Vous ont les Anglois mis a fin ?

Vous soulliés gaiment chanter
Et demener jouyeuse vie,
Et la blanche livrée porter [3]
7 Par le pais de Normandie.

Jusqu'a saint Gille [4] en Coutantin,
En une compaignie tresbelle,
10 Oncques ne vy tel pellerin.

Les Anglois ont fait desraison
Aux compaignons du val de Vire :
Vous n'orez plus dire chançon
14 A ceulx qui les souloyent bien dire.

Nous prirons Dieu de bon cueur fin
Et la doulce vierge Marie
17 Qu'il doynt aux Anglois male fin.

LVI. — [1]. Cette célèbre chanson, qu'on n'a citée jusqu'à présent que d'après le ms. de Bayeux, avait été imprimée dès 1543 dans le recueil d'Alain Lotrian.
[2] L'accord de notre manuscrit et de l'édition ancienne semble attester que le vrai nom du foulon de Vire était *Bachelin*, et non *Basselin* (comme porte le ms. de Bayeux), ce qui est d'ailleurs plus conforme à la phonétique normande. Crétin, dans le passage souvent cité où il rapporte notre vers, écrit aussi *Bachelin*.
[3] Cf. XLII, 9.
[4] Saint-Gilles, village à sept kilomètres de Saint-Lô (comm. de La Meauffe), qui était le but d'un célèbre pèlerinage.

LVII

Et j'ay eu des lettres vrayment
Que mon amy m'envoye;
Hellas! je les garderay tant!
4   J'en ay eu si grant joye!

Car sur ma foy je l'ayme tant
Que pour chose que j'aie
Jamès n'auré le cueur contant
8   Tant qu'avecques luy soye.

Tout aultre plaisir n'est que vent,
Quelque chose qu'on veoye,
Que d'estre o son amy souvent.
12   Est il point de tel joie[1] ?

LVIII[1]

Je fuz l'aultrier   o la belle sourprins
Du faulx jalloux   dont point ne me guectoye.
Hellas! pourquoy   ne prenoys je la voye
4 De m'en aller   a travers ces jardrins?

Le faulx jaloux   avoit des gens commys
Pour espier   s'en sa maison iroye :
Certes j'y vins   tout ainsy que souloye;
8 Incontinant   je fuz saisy et pris.

Il apella   trestouz ses bons amys
Tant qu'ilz ont faict   une grande assemblée;
Ils ont sur moi   faict une grant huée
12 Comment on faict   au loup quand il est pris.

LVII. — [1] *Point* est pris ici dans un sens affirmatif : « Y a-t-il (ailleurs) *un point* d'une joie pareille? »

LVIII. — [1] Se retrouve dans le ms. de Bayeux.

Croyez de vrai que je n'eusse pas prins
Cent escutz d'or. ne aultant de monnoye
Pour desployer une bource de soye² !
16 La mercy Dieu, j'eschappay et m'en vins.

LIX¹

« En regardant vo gracieulx maintien
Et voz doulx yeulx qui tant me font de joye,
Amours m'ont mys en l'amoureuse voye :
4 Mais c'est si fort que mon cueur n'est plus myen.

« Car quant je pense la vertu et le bien
Qui est en vous, en quelque lieu que soye
Mon cueur et moy du tout je vous octroye :
8 Il est a vous, certes je n'y ay rien. »

« Mon bel amy, du tout je le retien
Comme celle' qui suys, ou que je soye,
Vostre a jamès ; car myeulx je ne pourroye
12 Avoir choisy : cela congnoys je bien. »

LX

L'autrier par ung asserant¹
M'en alloys esballoyent
L'orée d'une vallée,

---

² Ce vers signifie, si je ne me trompe, qu'il avait si grande hâte que, si on lui avait offert cent écus d'or, il ne les aurait pas pris à cause du temps qu'il aurait dû perdre à déployer une bourse pour les y mettre.

LIX. — ¹ Cette chanson fait aussi partie du recueil de Bayeux.

LX. — ¹ *Asserant*, la soirée ; proprement le commencement de la soirée ; part. prés. du verbe *asserir*, faire soir.

La ou j'entendy le chant
De la belle au cueur plaisant
6 A qui j'ay m'amour donnée.

Quand je vy la fleur jolie
Qui menoit jouyeuse vie,
Mon cueur fut tout resjouy ;
Je luy dis par courtoisie :
« Belle, serés vous m'amye
12 Et je seray vostre amy ? »

« Sire, voulés maintenant
Que je face mon amant
De vous ? certes n'oseroye :
Le danger y est sy grant
Que par ma foy je me vant [2]
18 Que diffamée j'en seroye. »

« Tresdoulce fleur de noblesse,
Oustés mon cueur de destresse
Ou il est par chascun jour,
Ou jamès n'auré liesse
Si vostre cueur ne s'adresse
24 A m'aymer par bonne amour. »

« Mon tresdoulx loyal amant,
Si m'amour desirez tant,
Certes je la vous octroye :
Tout le temps de mon vivant
Pourrez dire, je m'en vant :
30 Vrayment ceste cy est moye [3]. »

[2] *Vant,* forme archaïque, déjà remplacée habituellement au quinzième siècle par les formes modernes ; cf. xxxiv, 3 ; lxv, 17.
[3] *Moye,* et de même *toye, soye.* Voy. xix, 12.

LXI

« Je vous vueil dire ma pensée
Et vous compter du tout mon cas;
Et Dieu ! que deviendray, helas !
4 Sy mon parler ne vous agrée?

« Plaisante fleur que tant desire,
Pour vous je seuffre tel martire
Que je ne dors ne jour ne soir. »
« Je vous supply et pry, beau sire,
Qu'il vous plaise donc a moy dire
10 Une part de vostre vouloir. »

« La douleur que j'ay endurée,
Je la vous diray, mais tout bas;
Pour Dieu, ne m'escondisez pas,
14 Ou jamès mon cueur n'aura joye. »

« Doulx amy, je ne te croys mye
Que tu ays de moy telle envye
Comme tu diz certainement. »
« Ma doulce seur, je vous affie
Que oncques femme qui eust vie
20 Je n'aymé si perfectement. »

« Puisque tu m'as ainsy aimée,
Fay de moy cen que tu vouldras;
Mais je te pry, quant tu vendras,
24 Vien de nuyt, que nul ne te voye. »

LXII

« Belle, vostre cueur et le mien
Sont d'ung accort et d'ung vouloir. :
J'ay ce que je vouloye avoir;
4 Certes il ne me fault plus rien.

« Vous m'avez fait ung grant honneur :
Je m'en doy bien tenir contant ;
Car vous m'avez fait le seigneur
8 De se que je desiroye tant.

« Dame, sy bien toust ne revien,
Il vous plaira me pardonner :
C'est tout pour vostre honneur garder :
12 Car qui n'a honneur il n'a rien. »

« Mon amy, ce qu'il vous plaira
Me commander je le feré :
Mon povre cueur vous obeira[1]
16 Qui qu'en parle, bon gré mal gré.

« Et de cela ne doubtez rien;
Mais gardez vous de trop parler :
Noz amours en pourront durer
20 Plus longtemps, vous le savez bien. »

LXIII[1]

Ce moys de may   par ung doulx asserant
J'ouy chanter   une jeune pucelle;
Par une sente   je luy vins au devant
4 En luy disant :   « Dieu vous gard, damoiselle!

« Damoiselle,   le dieu d'amours vous gard
Et vous doint ce   que vostre cueur desire! »
« Sy face il vous[2]!   dites moi quelle part
8 Voullés aller,   je vous en prie, beau sire. »

LXII. — [1] *Obeira*, en trois syllabes; cette contraction se rencontre assez souvent à l'époque de nos chansons.

LXIII. — [1] Cette chanson, qui nous paraît fort médiocre, a eu un grand succès. On la retrouve dans le ms. de Bayeux, dans le ms. 1597 et dans le recueil d'Alain Lotrian.

[2] *Sy face il vous*, c'est-à-dire : « Qu'il [le dieu d'amour] vous garde aussi ! »

« Je viens a vous comme loyal amant
Pour vous compter ma raison et querelle :
C'est vostre amour dont je suis desirant;
12 Onc mès femme ne me sembla sy belle. »

« Mon bel amy, pourvoyés vous ailleurs ·
De vous amer je n'ay jamès espoir. »
« Las! si ferez, doulce royne des fleurs,
16 Ou aultrement je suis au desespoir. »

LXIV[1]

J'ay veu la beauté m'amye
Enfermée en une tour :
Pleust a la vierge Marie
4 Que j'en fusse le seignour!

Et le souleil fust couché,
Et le jour n'adjournast ja[2],
Et je vous tensisse, belle,
8 Nue a nu entre mes bras!

Mon cueur, que feras tu ?
Ton plaisir est perdu,
Ta joye et ton soulas :
12 Sans elle vivre ne pourras.

LXV[1]

« Fleur de gaieté, allegez le martire
Dont mon cueur a la peine et la doulour;

LXIV. — [1] Ces deux strophes, marquées au coin de la vraie poésie populaire, se retrouvent dans le ms. de Bayeux.

[2] *Adjourner*, faire jour.

LXV. — [1] Chanson commune à notre ms., à ceux de Bayeux et de Vire et au recueil Lotrian.

Il vous plaira ce que mon cueur desire
4 M'y soit donné : belle, c'est vostre amour.

« Sans vostre amour je ne puis nullement
Estre jouyeulx ne avoir le cuer gay;
Sy vous supply et requiers humblement
8 Qu'il vous plaise prendre mercy de moy.

« Ou aultrement certes je puis bien dire
Que en ma vie n'y a point de retour.
Hellas! amours, m'y lairras tu occire?
12 Je t'ay servy loyaulment chascun jour. »

« Mon bel amy plaisant et gracieulx,
Ne pensez plus fors que d'estre celé,
Car vous aurez maulgré les envieulx
16 Le cueur de moy : je le vous ay donné.

« Je vous promect et vous asseur, beau sire,
Qu'autre que vous n'en sera le seignour;
Maulgré jaleux et mesdisans plains d'ire
20 Vous serviray loyaulment chascun jour. »

LXVI

Faulx medisans plains d'envye,
Vous avez parlé de moy
Sans savoir raison pourquoy[1],
4 Dont suis en melencolie.

Bien pert que c'est jalousie
Dont vous me haiez[2] pour vray;
Et sy ne dictes pas vray :
8 Vous mantez, Dieu vous mauldie!

LXVI. — [1] Sans savoir aucune raison pour laquelle vous dussiez le faire.

[2] *Haiez*, voy. XLVIII, 18.

Je ne pers pour voz langaiges
Jour a faire mon desir,
Car ceulx la ne sont pas saiges
12 Qui en perdent leur plaisir.

Il n'est si jouyeuse vie
Que loyaulment amer bien ;
Nul aultre plaisir n'est rien
16 Que de veoir souvent s'amye.

LXVII[1]

Il est venu,   le petit oysillon,
Ce moys de may certenement
Chanter auprès de ma maison :
4 Le cueur de moy   s'en esjouist souvent.

Ç'a fait le doulx rousignolet
Qui est venu du vert boucaige,
Et en son jolis chant louoit
8 Vrais amoureulx en son langaige.

« Est il ainsy, mon bel amy,
Que me dictes vostre pencée ? »
« Ma doulce seur, il est ainsy :
12 Confortez moy sy vous agrée. »

« Mon bon amy,   par bonne intencion
Mon cueur vous donne entierement,
Pour bien vous amer loyaulment ;
16 Gardez le bien :   vous l'avez en prison. »

LXVII. — [1] Cette chanson est encore dans le ms. de Bayeux et dans le recueil Lotrian. Elle n'offre pas un sens bien clair ni surtout bien suivi.

LXVIII[1]

En la duché de Normandie
Il y a sy grant pillerie
Que l'on n'y peult avoir foison[2].
Dieu vueille qu'el soit amandrie[3],
Ou il fauldra que l'on s'en fuye
6 Et laisser chascun sa maison.

Quant a moy je n'y serai plus,
Car on n'y a point d'aisement[4]
Pour la doubte des court vestuz[5]
10 Qui nous viennent veoir trop souvent.

Ils viennent par grant ruderie
Demander ce que n'avons mie
En nous donnant maint horion;
Encor fault il que l'on leur die :
« Mes bons seigneurs, je vous mercie :
16 Prenez tout ce que nous avon. »

Je leur donnasse volluntiers,
Par ma foy, se j'eusse de quoy;
Mais, par mon ame, mes deniers
20 Et tout mon bien est hors de moy.

LXVIII. — [1] Cette chanson a été attribuée au temps où les Anglais furent chassés de Normandie; mais elle peut s'appliquer à n'importe quelle époque où le pays était infesté par les gens de guerre, ce qui ne fut pas rare au quinzième siècle. Elle est déjà connue par les mss. de Bayeux et de Vire.
[2] *Avoir foison*, locution assez peu claire; je ne crois pas que la traduction littérale : *avoir abondance*, fût exacte. J'y verrais plutôt une expression analogue à *venir à bout, chevir*.
[3] *Amandrie*, amoindrie.
[4] Car on ne peut plus y vivre à son aise.
[5] On peut voir dans les *Chansons normandes* de M. Gasté (p. 4) les conjectures auxquelles a donné lieu le mot de *court vestuz*; je crois qu'il désigne les soldats en général : voy. v. 17.

Je ne puis faire courtoisie,
Car povreté me contrarie
Et me tient en subjection ;
Je n'ay plus amy ne amye
En France ne en Normandye
26 Qui me donnast ung porion [6].

Dieu vueille mectre bonne paix
Par toute la crestienté,
Maiz que ce soit a tout jamais !
30 Si vivrons tous en loyaulté.

Sy crestienté feust unie,
Nous menasson jouyeuse vie
Et meissions tristesse en prison.s
Ceulx par qui c'est, Dieu les mauldye
Et aussi la vierge Marie
36 Sans avoir jamais guerison !

LXIX [1]

On a dit mal de mon amy,
Dont j'ay eu le cueur bien marri ;
Qu'ont il affaire quel il soit,
Ou il soit beau ou il soit lait,
5 Quant je luy plais et il me plaist ?

Ung medisant ne veut onc bien :
Quant le cas ne luy touche en rien,
Pourquoy va il mesdire ?
Il fait vivre en martire
10 Ceulx qui ne luy demandent rien.

Quant j'ay tout bien consideré,
Femme n'est de quoy n'est parlé :

---

[6] *Porion*, poireau ; forme qui subsiste dans plusieurs patois.
LXIX. — [1] La première strophe se retrouve, mais assez différente, dans le recueil Attaingnant, *Quarante-deux chansons*.

Vela ce qui m'avance[2]
De prendre ma plaisance ;
15 Auxi dit on bien que je l'ay.

Pleust or a Dieu qu'il fust ycy,
Celluy que j'ay pris et choisy,
Puisqu'on en a voulu parler !
Et deussent ils tous enraiger,
20 Je coucheroie avecques luy.

LXX[1]

La dernière nuitée d'apvril
En une chambre m'y dormaye,
Sy doulcement m'y repousaye,
En actendant le moys de may
5 Qui n'estoit gueres loing de moy.

Il me vint ung souvenement
D'aller veoir m'amye par amour :
Je m'y levay apertement[2]
9 Pour aller veoir s'il estoit jour.

Est il jour ? si m'aist Dieux, ouy ;
Adonc je me mys en la voye
Pour aller veoir sy trouveroye
13 La tresgracieuse au cueur gay.

J'ouy chanter ung si doulx chant
Qu'il n'est homme si près de mort,
Si l'escoutoit, bien je m'en vant,
17 Qui n'y pransist moult grant confort.

[2] Ce qui me donne courage, envie.

LXX. — [1] Dans le ms. de Bayeux se trouve une chanson dont la première strophe seule ressemble à la nôtre.

[2] *Apertement ;* ce mot doit avoir encore ici le sens qu'il a au treizième siècle : « adroitement, agilement. »

C'estoynt les oysillons du bois,
Le doulx rousigneul et la troye³,
Qui demenoyent si tres grant joye
Qu'avis me fut en bonne foy
22 Que paradis fust près de moy.

LXXI ¹

Lourdault, lourdault, lordault, garde que tu feras.

Car sy tu te maries tu t'en repentiras :
3 Lourdault, lourdault, lourdault, garde que tu feras.

Sy tu prens une vielle, el te rechygnera :
5 Lourdault, lourdault, lourdault, garde que tu feras.

Si tu prens jeune femme, jamès n'en joyras.
7 Lourdault, lourdault, lourdault, garde que tu feras.

Elle yra a l'eglise, le presbtre la verra ;
9 Lourdault, lourdault, lourdault, garde que tu feras.

La merra en sa chambre et la confecera.
11 Lourdault, lourdault, lourdault, garde que tu feras.

Luy fera les enffanz et ren tu n'en sçauras.
13 Lourdault, lourdault, lourdault, garde que tu feras.

Et quant el sera grosse il la te renvoira ;
15 Lourdault, lourdault, lourdault, garde que tu feras.

Et nourriras l'enffant qui riens ne te sera.
17 Lourdault, lourdault, lourdault, garde que tu feras.

³ *Troye.* C'est la draine (*turdus viscivorus*), grande grive dont le chant est fort agréable, et qu'on appelle encore *truie* ou *trie* dans plusieurs provinces.

LXXI. — ¹ Le commencement de cette chanson est inséré dans le ms. 1597.

Encor seras bien aise   quant huchera papa.
19 Lourdault, lourdault, lourdault,   garde que tu feras.

LXXII

Mon cueur vit en esmoy :
Las! que j'ay de soucy !
J'ay perdu mon amy,
4 Il est trop loing de moy.

Tantost de mes nouvelles
Certes luy escriproy;
Sy honte ne craingnoye
Et j'eusse ceste loy[1]
D'ouser l'aller sercher
Sans moy deshonorer,
11 Vers luy yroys pour vray.

Nul bien je ne demande
Sinon d'estre a requoy[2]
Avec luy en sa chambre,
Tant l'ayme sur ma foy;
Je n'ay aultre plaisir
Fors que penser en luy
18 Quant point je ne le voy.

Roussignolet sauvaige
Qui chante de cueur gay,
Va moy faire un messaige,
Je t'en prie par ta foy :
Va dire a mon amy
Qu'il m'a mys en oubly,
25 Car bien je l'aperçoy.

LXXII. — [1] *Ceste loy*, cet usage, cette façon.
[2] *A requoy*, en repos, tranquillement.

LXXIII

Mon seul plaisir, ma doulce joye,
Je ne sçay quel propos tenir :
S'ung peu d'esperance j'avoie
Une foys avant que mourir,
Mieulx ne me pourroit advenir :
J'ay prins amour a ma devise ;
Je delerray tout desplaisir
8 Si j'ay vostre grace requise.

Princesse d'amer excellante,
Par le regard de vos doulx yeulx
J'ay mys mon cueur et mon entente
A vous servir de cueur jouyeulx.
Belle, n'aray je jamès mieulx ?
Ma bouche rit et mon cueur pleure :
Venez ouyr, vrais amoureulx,
16 La grant tristesse ou je demeure.

[Comme femme deconfortée,
Sans nul confort, disant emy [1],
Terriblement suis fortunée :
Je n'ay ne bon jour ne demy.
Mon pére m'a donné mary ;
Bien doy mauldire la journée,
Roussignolet du boys joly,
24 Puisque je suys mal mariée.

En ung vert pré soubz la sausaye
Nouvelles je ne puys ouyr ;
En aulcun lieu ou je diroye
Voluntiers parleroye a luy
Ung jour entier ou ung demy.

LXXIII. — [1] *Emy* pour *hemi*, hélas !

Je suys de si courte tenue[2]
En tous les lieulx ou que je suy
32 Le souvenir de vous me tue.]

LXXIV[1]

Le bon espoir que mon cueur a
Sur le temps qui est a venir
Me fait tousjours en joye tenir :
4 Ce qui doit advenir viendra.

J'ay enduré paine et douleur,
Par mon serment, le temps passé,
Qui bien m'ont fait changer couleur :
8 Quant est de moy, j'en suys lassé.

Qui bien actend bien luy viendra :
On ne se doibt point esbahyr
Pour ung petit de mal souffrir :
12 Sy Dieu plaist, le temps changera.

Le vent qui vente d'une part
Ne peult pas longuement durer :
Il fault qu'il change toust ou tart ;
16 Mais trop il nous peut ennuyer.

On dit : « Hastivet s'eschauda[2]. »
Je sçay bien a quoy m'en tenir :

---

[2] Entendez *de si courte corde*, comme dans *tenir de court* il faut entendre *de court lien*.

LXXIV. — [1] Se retrouve dans le ms. de Bayeux.

[2] Proverbe qui signifie qu'en voulant avaler son potage trop chaud on s'expose à se brûler, c'est-à-dire que l'impatient risque de se faire du tort. *Hastivet* est une espèce de personnification formée de *hâtif*, et cette leçon doit être préférée à *Trop hastif*, à cause du temps du verbe. On voit ici le proverbe en train de devenir conte populaire.

Qui emprunte ne peult choisir ;
20 Ç'ay je ouy dire longtemps a.

[Entre vous, gentilz amoureux,
Soyez tousjours doulx et loyaulx ;
Lessez parler les envyeulx,
24 Car sur eulx tomberont les maulx.

Je prie a Dieu qui tout crea
Qu'il me vueille reconforter
Et de bref en joye retourner
28 Vers la belle qui mon cueur a.]

LXXV

Las ! que feray je, desollée,
Quant j'ay perdu le myen amy ?

J'avoye acquis ung amoureux
  A l'avantaige[1],
Le plus beau, le plus gracieulx
  De son lignaige ;
Mais faulx rapport et faulx langaige
Nous ont separez moy et luy.
Las ! que feray je, desolée,
10 Quant j'ay perdu le myen amy ?

Comment as tu ousé songer,
  Faulce envieuse,
De m'avoir fait tel destourbier,
  Mallencontreuse ?
Sy te tenoye, langue hydeuse,
Jamès ne parleroys de my.
Las ! que feray je, desolée,
16 Quant j'ay perdu le myen amy ?

LXXV. — [1] *A l'avantage*, dans les conditions les plus satisfaisantes.

Quant je pense au tant doulx maintien
De sa personne,
Mon povre cueur ne tient a rien,
Tant je frissonne !
Tant est mignonne sa personne
Que ja n'aymé aultre que luy.
Las! que feray je, desolée,
26 Quant j'ay perdu le myen amy?

Et quant je suys en ces haults boys
En la belle umbre,
J'ouys le chant si doulx et courtoys
D'oyseaulx sans nombre,
Et par dessoubz la belle rouse
Chante regretz de mon amy.
Las ! que feray je, desolée,
34 Quant j'ay perdu le myen amy ?

Desormais en malheureté
Me fauldra vivre,
Laisser toute jouyeuseté
Et dueil ensuyvre.
Je prie a Dieu qu'il me delivre
Du grief mal que j'ay a souffrir.
Las! que feray je, desolée,
42 Quant j'ay perdu le myen amy?

LXXVI[1]

Je suys amoureulx d'une rouse
Qui des faulx jaloux est enclouse
Et tousjours sur elle ont les yeulx.
Mauldiz soyent les faulx envieulx!
5 Car je les hay sur toute chouse.

En no jardrin je suis entrée :
Trouvay la rouse espanouye :

LXXVI. — [1] Cette chanson paraît faite de morceaux rapportés.

Sy doulcement je l'ay cuillie
Et l'ay donnée a mon amy :
10 « Tenez, tenez : veez cy la rouse. »

Des faulx jaloux je suis enclouse
Tant qu'a mon amy parler n'ouse
Ce moys de may tant gracieulx;
Mais en despit d'entre tous eulx
15 Je la vous donne ceste rouse.

Je ne luy ose faire chére
A mon amy quant je le voy,
De paour qu'aux jaloux n'en desplaise
Ou qu'ilz s'en courrousent a moy :
20 Mal est batu qui pleurer n'ouse.

Tout le cueur de moy sy en tremble
Come fait la fueille d'un tremble
Quant le vent la souffle sy fort.
Aux faulx jaloux Dieu doint la mort :
25 Nous ne pourrons plus vivre ensemble.

LXXVII [1]

« C'est simplement donner congié
A ung sien amy quant on l'a :
A tout le moyns j'eusse dit : Va !
4 Pourvoyés vous, car j'é changé.

« Hellas ! je n'eusse pas cuidé
Que vous feussiés de ses gens la ;
Mais, belle, quant il vous plaira,
8 De vostre amour je jouyrai. »

LXXVII. — [1] Cette chanson se retrouve en partie dans le recueil Lotrian de 1543. Elle est citée au livre v de *Pantagruel*.

« Garson, tu es bien abuzé
De toy venir a moy jouer :
Tu n'y faitz rien que babiller;
12 Ailleurs te convient prochasser[2]. »

Pandu soit il qui se fira
En femme qui deux amys a;
Qui plus y mect plus y perdra :
16 Pour ung perdu deux couvrera[3].

Or suis je bien desconforté
De la belle qui m'a laissé,
Mais pleust a Dieu qu'il m'eust cousté
20 Mille escuz et l'eusse couvré.

[Roussignolet du boys joly,
Va a mon amy et luy dy
Que je me recommande a luy
24 Et qu'il viengne parler a my.]

LXXVIII

Jamés d'amoureux couart   n'orrez bien dire.

Il y a ung amoureulx   en ceste ville
Qui a bien amé ung an   sans riens en dire.
4 Jamès d'amoureux couart   n'orrez bien dire.

Qui a bien amé ung an   sans riens en dire,
Et sy parloit tous les jours   a son amye.
7 Jamès d'amoureux couart   n'orez bien dire.

[2] *Prochasser*, pourvoir.
[3] *Couvrer*, simple de *recouvrer*. Ce mot était déjà vieilli au quinzième siècle; le ms. l'a remplacé par *recouvrer* ici et au v. 20 : la mesure l'exige dans les deux cas. — Le sujet est ici la femme : pour un amant qu'elle perd, elle en retrouve deux.

Et sy parloit tous les jours a son amye,
Et la baisoit bien souvent sans luy mot dire.
10 Jamès d'amoureux couart n'orrez bien dire.

Et la baisoit bien souvent sans luy mot dire ;
Quant ce vint au bout de l'an, elle souppire.
13 Jamès d'amoureux couart n'orrez bien dire.

Quant ce vint au bout de l'an elle souppire.
« Qu'avez vous a souppirer, ma doulce amye ? »
16 Jamès d'amoureux couart n'orrez bien dire.

« Qu'avez vous a souppirer, ma doulce amye ?
Si vous souppirez du cueur, sy me le dictes. »
19 Jamès d'amoureux couart n'orrez bien dire.

« Sy vous souppirez du cueur, sy me le dictes ;
Sy vous souppirez d'amours, je vous en prie[1]. »
22 Jamès d'amoureux couart n'orrez bien dire.

LXXIX

« Je feusse resjouye
Sy je veisse cellui
3 A qui je suis amie. »

« Faux jaloux plains d'envye
Sy ont parlé sur moy,
6 Sur moy et sur m'amye.

« En ma chambre, m'amye,
Nous irons vous et moy,
9 Sans point de villennye[1]. »

LXXVIII. — [1] C'est-à-dire : « je vous prie d'amour, » locution usitée pour dire : « demander à une femme son amour. »

LXXIX. — [1] *Point*, même avec un sens purement négatif, s'emploie encore au moyen âge avec la valeur d'un substantif. C'est le cas ici.

« Ma mére en est marrie,
Et dit qu'el me batra
12 Sy je fays la follie ² :

« Il fault bien que j'en rie,
Car jamès n'en cessa
15 Tant qu'elle fut jollye.

« Nous menrons bonne vie :
Le dernier l'uys clorra ;
18 Il n'est tel quoy qu'on dye. »

LXXX ¹

A la venue   de ce doulx temps d'esté,
Le jour faillant,   j'oy l'autrier chanter
La doulce fleur   que mon cueur ayme tant ;
Advis me fut   qu'en son doulx chant disoit :
« Mon bel amy,   venez parler a moy,
6 Et vous aurez   m'amour dorenavant. »

Je m'y levay   tost et secretement,
Et m'en allé   comme ung loyal amant
Tout droit au lieu   ou je l'ouy chanter.
Elle m'a fait   tant aller et venir
Que a peu prés   qu'elle m'a fait mourir,
12 Avant que m'ayt   s'amour voulu donner.

Amoureux suis   et seray cest esté :
A mes amours   je tiendray loyaulté
Jusques a tant   qu'il me fauldra mourir.
Les envieux   la m'ont voulu oster :

---

² *Faire la folie*, locution encore fréquente dans les campagnes pour désigner le genre spécial d'égarement dont il s'agit ici. On dit aussi *faire la sottise*.

LXXX. — ¹ Cette chanson, avec des différences, se lit aussi dans le ms. de Vire.

En despit d'eulx je l'auray cest esté,
18 Et demairon ² joyeulx esbatement.

LXXXI

Aymés moy, ma mignonne, aymez moy sans danger ¹.

Au jardrin de mon pére il y croist un rousier :
Troys jeunes damoiselles sy s'i vont umbraiger.
4 Aymez moy, ma mignonne, aymez moy sans danger.

Troys jeunes damoiselles sy s'i vont umbraiger;
Troys jeunes gentilzhommes sy les vont regarder.
7 Aymez moy, ma mignonne, aymez moy sans danger.

Troys jeunes gentilzhommes sy les vont regarder;
Je choysi la plus belle et la priay d'amer.
10 Aymez moy, ma mignonne, aymez moy sans danger.

Je choysy la plus belle et la priai d'amer.
« Mon pére est en sa chambre, allez luy demander. »
13 Aymez moy, ma mignonne, aymez moy sans danger.

« Mon pére est en sa chambre, allez luy demander,
Et s'il en est content je m'y vieulx acorder. »
16 Aymez moy, ma mignonne, aymez moy sans danger.

LXXXII

Adieu pour meshoen ¹, adieu.

Je me levay par ung matin,
Ung bien matin avant le jour,

---

² *Demairon*, entendez *demerron*, déménerons.

LXXXI. — ¹ *Danger*, refus. C'est le sens qu'a ce mot dans le roman de la Rose, où Danger personnifie le refus, la résistance de la femme.

LXXXII. ¹ *Meshoen*, voy. vi, 26.

Et m'en entray en ung jardrin :
Trouvé ma dame par amour;
Mais elle m'a joué d'un tour
Qui de s'amour m'a esloigné.
8 Adieu pour meshoen, adieu.

M'en entray ung peu plus avant
Pour mieulx savoir de son arroy[2] :
J'y trouvay ung gentil gallant
Qu'elle tenoit parmy le doy ;
Mais je vous jure sur ma foy,
Tel ayme qui n'est pas aymé.
15 Adieu pour meshoen, adieu.

« Belle, celluy qui tient mon lieu,
Sy Dieu plaist, il vous servira,
Et il a juré son grant Dieu
Que de ses amours il jouira[3];
Mais si Dieu plaist il en sera
Ainsy trompé que j'ay esté.
22 Adieu pour meshoen, adieu. »

« Et il n'a pas tenu a moy
Que n'avez jouy de voz amours.
Mais vous estiez trop loing de moy,
Et si estiés trop paresseux ;
Je croy qu'aviez affère ailleurs :
On ne peult pas courre et corner[4].
29 Adieu pour meshoen, adieu. »

---

[2] *Arroy*, arrangement; ici manière d'être, conduite.
[3] Cette contraction des deux premières syllabes de *jouira* se retrouve au v. 24.
[4] Joli proverbe : On ne peut pas à la fois poursuivre le gibier et sonner du cor. Cf. Le Roux de Lincy, *Livre des Proverbes*, II, 362. Cf. Plaute, *Mostellaria*, 791 (éd. Bugge) : *Semul flare sorbereque hau factu facile est.*

LXXXIII

Amours m'ont fait du desplaisir mainte heure,
Et de courroux mon povre cueur labeure :
Pour chascun jour me tourmente a oultrance :
J'en ay tel dueil et telle desplaisance
5 Que j'ay grant paour que de brief je ne meure.

Or n'est il nul qui de ce me sequeure.
Sy mon amy en avoit congnoissance,
Je suis bien seure qu'il mectroit sa puissance
A moy garder de mal et de grevance :
10 Car c'est par luy qu'il faudra que je meure.

[Prisonnier suis en tresgrant desplaisance ;
Pas n'ay aprins a dancer telle dance,
Car pour aymer j'ay eu mainte malheure[1].
Je prie a Dieu qu'il m'en doynt allegence ;
15 Car c'est par luy qu'il fauldra que je meure.]

LXXXIV

Dame Venus tient mon cueur en prison
Trop longuement sans quelque mesprison[1],
Car nuit et jour de la servir m'enhorte[2] ;
4 C'est pitié dont ainsy amours mon sens transporte.

Il m'est advis que je voy Perrichon[3]
Aiant au cueur une grant marrison[4]

LXXXIII. — [1] *Malheure*, de *mala hora*, ne doit pas se confondre avec *maleur* (mal écrit *malheur*) de *malum augurium*.
LXXXIV. — [1] *Mesprison*, faute, tort.
[2] Entendez *je m'enhorte*, c'est-à-dire « je m'efforce », littéralement « je m'excite, je m'encourage ».
[3] *Perrichon*, diminutif familier de *Pierre*.
Marrison, chagrin.

Que plus n'allon   a la petite porte
8 Luy et moy a mynuit   querir la verte cotte[5].

Tous mes parenz,   ne soyez esbahyz
Sy je m'en voys[6]   en estrange pays :
Vostre rigueur   et maulvaise riote[7]
12 Me font fouyr le pais,   et fault qu'au loing je trote.

Ne vous plaignez,   mon bel oncle Regnault,
Car pour voz plains   certes il ne m'en chault :
Vostre folleur   et correption[8] sote
16 M'ont fait souventeffoyz   desirer estre morte.

LXXXV

Dueil angoisseux sans nul forfait
  A ma joye ravie,
Et de tout plaisir en effait
4   M'a fortraite et bannye.

De ce piteux et dolent fait
  Je suis toute esbahye;
Mais dure fortune l'a fait,
8   Qui n'est de nul amye.

Les plus grands petits elle faict
  Par sa cruelle envie;
De toute joye m'a deffait :
12   C'est ung cas qui m'ennuye.

[5] *La verte cotte;* cette locution, dont on a donné des explications trop approfondies, signifie simplement l'action de s'asseoir ou de s'étendre sur l'herbe, qui, naturellement, laisse sa marque au vêtement. Voy. les exemples à l'historique de Littré (s. v. *cotte*); dans la citation de la reine de Navarre il faut lire deux fois *bailler* au lieu de *baisser*.

[6] *Voys*, forme ancienne et étymologique pour *vais*.

[7] *Riote*, querelle, chicane.

[8] *Correption*, réprimande.

Et a nulli¹ qui soit vivant
Ma douleur n'ouse dire,
Tant ay paour du faulx medisant
16 Qui s'esbat a mesdire.

A tout bien est contredisant,
Et va de mal en pire;
En cuidant faire du plaisant
20 Il mort quant il doit rire.

LXXXVI[1]

Celle qui m'a demandé
Argent pour estre m'amye,
El m'a fait grant villennye :
4 Jamès je ne l'aymeray.

Et bon gré en ait ma vie[2] !
Lui fault il prendre retour[3] ?
Ne luy doibt il pas suffire
8 Sy je luy donne m'amour ?

Je la quicte en bonne foy
Et feray une aultre amye,
Puis qu'el demande partie
12 D'argent qu'avon elle et moy[4].

[Ma damoiselle m'amye,
De vostre cousté vient le tort,

LXXXV. — ¹ *Nulli*, ancienne forme du cas régime.

LXXXVI. — ¹ Cette chanson est dans le ms. de Bayeux.
² *Bon gré en ait ma vie*, forme euphémistique de jurement (au lieu de *mau gré*), souvent abrégée en *Bon gré ma vie*.
³ *Prendre retour* ; le retour est ce qu'on réclame comme appoint dans un échange où on donne plus qu'on ne reçoit.
⁴ Ces vers expriment cette pensée très-délicate que l'argent qu'ils peuvent avoir à eux deux étant commun, elle ne devrait pas en demander une partie pour elle.

D'avoir laissé maistre Helie,
16 Vostre amy qui vous aymoit si fort.]

LXXXVII

En plains et pleurs je prends congé
De vous, ma tresloyalle amye,
Le cueur en larmes tout plongé
Par force de melencolie.
En dueil me fault finer ma vie
Et languir desormais sans cesse
7 Puisqu'il convient que je vous lesse.

Le despartir me grefve fort,
Ma dame, mais c'est par contrainte,
Dont j'ay au cueur tel desconfort
Que ma joye en est toute estainte.
Vostre beaulté demeure empraincte
En mon las cueur remply d'angoisse,
14 Puisqu'il convient que je vous lesse.

Regardez la grefve douleur
Que pour vous nuit et jour je porte,
Et vueillez user de doulceur
Sur moy qui tant de mal supporte;
Il n'est plaisir qu'on me rapporte
Qui me sceust remettre en liesse,
21 Puisqu'il convient que je vous lesse.

Je meurs pour vous, vous le savez,
Et languis en dure sousfrance,
Et sy pitié de moy n'avez
En ma vie n'a plus d'esperance;
Considerez la deplaisance
Qui pour votre amour tant m'opresse,
28 Puisqu'il convient que je vous lesse.

Gris et tanné¹ puis bien porter,
Car ennuyé suis d'esperance,
Et le jaune me faut lesser
Qu'amans portent par jouyssance² ;
Le noir sera signifiance
Que je viz en dueil et tristesse,
35 Puisqu'il convient que je vous lesse.

Vous me donnez la mort au cueur,
Ma dame, mais quoy qu'il m'aviengne,
J'aime trop mieux vivre en langueur
Qu'aultre que vous m'amour atiengne.
Las! je vous pry qu'il vous souviengne
Quelquefoyz de ma grant detresse,
42 Puisqu'il convient que je vous lesse.

[Sy vos doulx yeulx de pitié plains
Me vouloyent faire tant de grace
Et estre envers moy si humains
Que j'eusse ce que je pourchasse,
Je porteroie en toute place
Le jaune en signe de liesse
49 . . . .]

LXXXVIII

En venant de Lyon   de veoir tenir le pas¹,
Je rencontray troys dames   qui dansoyent braz a braz ;
Trois mignons les menoyent   rustres et gorgias²,

LXXXVII. — ¹ *Tanné*, voy. v, 17.
² Je n'ai pas rencontré ailleurs cette signification attribuée au jaune. Voy. cependant les *Poésies de Martin Despois*, p. p. M. R. Dezeimeris (Bordeaux, 1875), p. 49.

LXXXVIII. — ¹ *Le pas* d'armes, espèce de tournoi (voy. Littré).

² *Rustres*, ici simplement vigoureux. — *Gorgias*, mot très-usité au quinzième siècle, qui signifie « élégant jusqu'au luxe, fastueux sur sa personne ».

Pourpoints d'orfaverie   et manteaulx de damas ³;
5 Les chesnes en escharpe   trainentes jusqu'en bas,
Et faisoyent les gambades plus haut que leurs pleumas⁴.
J'y advisé ma dame   qui ne me veoit pas,
Faisant chére moyenne,   et a son rent chanta :
« Mon cueur n'est pas en joie   pourtant sy je m'esba :
10 « Mon amy est en court   qui avecques luy l'a ;
« Mais j'ay bonne esperance   que de bref reviendra,
« Et coucherons ensemble   tous deulx nuz braz a braz ;
13 « En despit qui qu'en groigne⁵ tousjours il m'aymera. »

LXXXIX

« Entrée je suis en grant torment,
Mon amy, pour vous regarder;
Or me doint Dieu allegement
4 Ou aultrement mes jours finer !

« Je vous sers de beaulx argumens,
Mais tousjours vous me repliqués,
Et dictes qu'il n'est nullement
8 Possible d'y remedier. »

« De cela plus ne me parlez,
Chére dame que j'ayme tant;
Mais, je vous pry, considerez
12 Qu'il n'est pas aise qui attend. »

---

³ *Damas*, étoffe venue de Syrie ; le nom nous en est resté.
⁴ *Pleumas*, plumets. De là *plumassier*.
⁵ *Qui qu'en groigne* est une phrase complète (pour *qui qui en grogne*), dont l'usage a un peu effacé le sens; dans une phrase comme celle-ci le second *qui* n'est pas justifié.

XC

Ha ! la doloreuse journée
Que de mes amours departy !
J'en suis demouré sans party ;
5 Elle m'est par trop fortunée [1].

Une seulle dame et maistresse
J'ay bien aymée sans repentyr :
Par quel raison ne pourquoy esse
8 Qu'il nous fault si toust departir ?

Esse le malheur de l'année,
Ou d'elle, ou de moy, ou d'aultruy ?
Ou si Mallebouche [2] a menty,
12 Qui tousjours parle à la vollée ?

C'est grant pitié quant gentillesse
Vient par amour jusqu'a perir ;
Car d'elle doibt venir noblesse,
16 Qui tousjours veult honneur querir.

XCI

En douleur et tristesse
Languiray je tousjours,
Sy je pers ma maistresse,
Ma dame par amours.
M'amour luy ay donnée :
Jamès ne l'oubliray ;
En parle qui qu'en groingne,
8 Tousjours la serviray.

XC. — [1] *Fortuné* se prend souvent (voy. Littré) dans le sens de voué à la mauvaise fortune. Un sens analogue du primitif s'est conservé dans *fortune de mer*.
[2] *Mallebouche*, voy. xxviii, 5.

Ce n'est pas de merveille
Si je la veulx aimer,
Car c'est la non pareille
Qui soit dessa la mer ;
Jamès tant que je vive
Autre je n'aymeray,
Et s'elle estoit en gaige
16 La vouldroye racheter.

Sy tous les maulx du monde
Estoyent ensemble mis,
Et il y eust ung homme
Qui les voulsist souffrir,
Encore vieulx je dire
Que le myen est plus grant;
Pourtant, ma doulce amye,
24 Contentez vous d'autant.

XCII[1]

Fortune a tort :
Par son effort.
En grand descort
Sans nul confort
Ousté m'a la presence
D'une que j'ame
De cueur et d'ame :
Je la tiens dame
Sans nule blasme,
10 Des aultres l'excellance.

Tant triste en suis
Que jours ne nuitz
En nulz desduitz
Ne me reduis,

XCII. — [1] Cette chanson (ou la suivante) est citée au l. V
(ch. 33) de *Pantagruel*.

Mais tout seul je souspire;
Sy je m'esbas
En quelzque esbatz,
Cuidant soulas
Avoir, helas !
20 Le mien mal en empire.

Par le rapport
De faulx aport
Je suis au port
De dur transport,
Dont je souffre a oultrance;
Danger de mort
Qui picque et mort
Mon cueur remort
Pour le fier port²
30 D'une fille de France.

Triste rigueur
Tient en langueur
Mon dollant cueur,
Et n'a vigueur
Fors qu'a mourir aspire;
O noble fleur,
Vostre valleur
Me fait doulleur :
Car de malheur
40 J'ay de tous maulx le pire.

XCIII[1]

Fortune a tort :
Par son effort
En grant discort

---

² *Port*, manière de se conduire, de se déporter.
XCIII. [1] Cette chanson est une imitation de la précédente.

Sans nul confort
Osté m'a la presence
Du myen amé,
Le mieulx famé,
Le renommé,
Le reclamé[2]
10 Des amans l'excellance.

Tant triste en suis
Que jours ne nuyz
En nulz desduitz
Ne me reduys,
Mais seullecte souspire ;
Quant je m'esbas
En quelque esbas,
Cuidant soulas
Avoir, hellas !
20 Le myen mal en est pire.

En mon advis
Plus je ne vis,
Mais je transis :
J'ay mon cueur mis
En ces prisons cruelles,
Dont je mourré,
Ainsi le croy,
Sy je ne sçay
Et de luy n'ay
30 Bien toust bonnes nouvelles.

De ce malheur
Et tourmenteur
En a mon cueur
Si grant doulleur
Qu'à peine peult il vivre ;

---

[2] Ce vers se rattache au suivant : « Celui qu'on proclame l'idéal des amants. »

Vray Dieu d'amours,
A vous recours
Querir secours
Et en briefs jours,
40 Ou a mort soye delivre.

XCIV

Hellas! que je suis desolée,
Plaine de dueil et de soucy,
Sur ma foy plus que je ne dy,
4 De mon amy qui m'a lessée !

Il m'a lessée seulle, esgarée,
Et n'ay reconfort de nully :
Je croy que je mourray d'ennuy
8 Sy de bref ne suis consollée.

Hellas ! pourquoy m'a il lessée ?
Je ne luy ay ne fait ne dit ;
J'avoye mys mon amour en luy,
12 Mais je voy bien qu'il m'a trompée !

Hee ! Dieu, quel piteuse journée
Quant de moy il fut desparty !
J'en eu le cueur triste et marry :
16 J'eusse voulu estre enterrée.

O tresdoulce Vierge honorée,
Vueillez en pitié regarder
Et la vueillez reconforter,
20 Celle qui tant est desolée.

XCV

Sy je perdoys mon amy,
Pas n'aurois cause de rire ;

Je l'ay si longtemps servi :
Vray Dieu ! qu'en voullés vous dire ?
Il y a an et demy
Que sur tous l'avoye choisi.
Morte suis si je ne l'ay ;
8 Qu'en voullez vous donc dire de moy ?

Par ung matin m'y levay,
Dès que vy le souleil luyre ;
En noz jardrins m'en entray
Non pas sans melencolye,
Et disoys tout a par moy :
Quant mon amy pourray veoir ?
Morte suis sy je ne l'ay ;
16 Qu'en voulés vous donc dire de moy ?

Je vouldroye celluy par qui
Toute ma joye est bannye
Au plus fin parfond d'ung puys
Ou le souleil ne luist mye,
Et je tinsse mon amy
Entre mes braz esveillé.
Morte suis sy je ne l'ay ;
24 Qu'en voulés vous donc dire de moy ?

XCVI[1]

Tousjours de celle me souvyn
Qui a la teste envelopat
D'in covrechef ensaffrenat[2].
4 La merende[3] ! je l'ama bin.

XCVI. — [1] Chanson en patois savoisien.

[2] *Ensafrenat*, teint en safran. Voy. Littré au mot *ensafraner*.

[3] *La merende*; voy. xii, 8 : c'est ce rapprochement qui m'empêche d'écrire *la merendé*.

Elle s'assist sur ung toppin [4],
Et le toppin s'est esclasa [5] :
A la reverse s'en alla.
8   La merende ! je l'ama bin.

Elle m'a conviat a dign [6]
D'igne pesse de beo sala [7]
En ung topin mal escura :
22   La merende ! n'en voullois gyn [8].

XCVII

Crainte et desir m'eveillent   tant que ne puys dormir.
L'autre hyer a l'aventure   j'acointay ung amy [1] :
Je m'en suys mal trouvée :   il le me fault bannyr,
Et en avoir ung aultre   pour passer mon ennuy.
Je suys en grant pencée   ou le pourray choisir,
6 Car il est bien peu d'hommes   en qui prinse plaisir.

XCVIII [1]

« Quant je seray   lassus en mes chasteaulx,
Et vous serez   ung penseur de chevaulx [2],

---

[4] *Toppin*, pot ; *tupin* dans le français du seizième siècle.

[5] *S'est esclasa* : s'est brisé, s'est fendu.

[6] Je rétablis ce mot, que je regarde comme le substantif verbal de *digna*, dîner.

[7] « D'une pièce de bœuf salé. »

[8] « Je n'en voulais pas. » *Gyn* est l'anc. fr. *giens*, prov. *ges*. sur lesquels voy. *Mém. de la Soc. de Linguistique de Paris*, t. I, p. 168.

XCVII. — [1] *J'acointay*, je fis connaissance de. Ce verbe conserve le sens primitif de *cointe* ; voy. la note sur XLVIII, 1.

XCVIII. — [1] Cette chanson grossière, mais non populaire, tranche avec le ton des autres.

[2] *Penseur*, panseur. *Penser* et *panser*, comme on peut le voir dans Littré, sont originairement un seul et même mot.

Et je seray une dame honorée,
4 Pour Dieu ne dictes pas que vous m'aiez amée. »

« Quant je seray sur mon cheval monté
Et je seray bien armé et bardé,
Et vous serez une vieille riddée,
8 Pour Dieu ne dictes pas que je vous aye amée. »

« Fi ! c'est erreur d'aymer telz gaulureaux[3]
Que gens de court et aultres affectreaux[4] ;
C'est trop mespris[5] d'y mectre sa pensée :
2 Pour Dieu ne dictes pas que vous m'aiez amée. »

« Je vous confesse que vous avez raison,
Car vous aymer c'est trop grant desraison,
Pour ce qu'estes une ordeuse[6] affectée.
16 Pour Dieu ne dictes pas que je vous aye amée. »

« Je m'en teray et pour mon grant honneur,
Car vostre amour me seroit deshonneur
A moy qui suis une dame estimée.
20 Pour Dieu ne dictes pas que vous m'aiez amée. »

« Vous estes laide et horrible a tous yeux :
De vous caicher vous n'en vauldrés que mieulx,
Si vous n'estes bien tendue[7] et fardée ;
24 Pour Dieu ne dictes pas que je vous aye amée. »

[3] *Gaulureaux* : godelureaux. Voy. dans Littré des formes semblables.

[4] *Affectreaux*, mot formé comme *cuidereau*, plus usité : gens affectés, prétentieux.

[5] *Mesprendre*, commettre une erreur, une faute.

[6] *Ordeux* ou *ordoux*, dérivé de *ord*, « sale ».

[7] *Tendue*. Il s'agit des artifices employés par les femmes, à l'aide des coiffes dont leur visage était entouré, pour tendre la peau de leur front et en effacer ainsi les rides.

« Et vous, quoquart⁸ et puant marjolet,
Pas n'estes digne d'estre le mien varlet
Pour abreuver ou penser m'hacquenée.
28 Pour Dieu ne dictes pas que vous m'aiez amée. »

« Vostre hacquenée vous fait souvent mestier,
Car elle sert bien a vostre mestier
Pour souvent faire une grant chevauchée.
32 Pour Dieu ne dictes pas que je vous aye amée. »

« Quoy qu'il en soit, vous serez deboutez
D'entre noz dames et a plat desmontez;
Et quant serez illec la guelle bée,
36 Pour Dieu ne dictes pas que vous m'aiez amée. »

« Et vous serez ung jour femme de bien;
Et que vauldrez? je n'ouse dire rien;
Chascun dira : Vella la verollée⁹.
40 Pour Dieu ne dictes pas que je vous aie amée. »

XCIX

Que faire s'amour me laisse?
2 Nuit et jour ne puis dormir.

Quant je suis la nuyt couchée,
4 Me souvient de mon amy.

Je m'y levay toute nue,
6 Et prins ma robbe de gris¹;

Passé par la faulce porte,
8 M'en entray en noz jardrins;

---

⁸ *Quoquart*, voy. xxxv, 13. — *Marjolet*, pour *mariolet*, diminutif masculin de *mariole*, marionnette, poupée; mot très-usité à cette époque pour railler les jeunes gens trop élégants et de peu de fond.

⁹ Ce mot range notre chanson parmi les plus récentes du recueil.

XCIX. — ¹ *Gris*, espèce de fourrure; de là *petit-gris*.

J'ouy chanter l'alouecte
10 Et le rousignol jolis,

Qui disoit en son langaige :
12 « Veez cy mes amours venir,

« En ung beau basteau sur Seine
14 Qui est couvert de sappin ;

« Les cordons en sont de saye,
16 La voille en est de satin ;

« Le grant mast en est d'iviere,
18 L'estournay[2] en est d'or fin ;

« Les mariniers qui le meynent
20 Ne sont pas de ce pais :

« L'ung est filz du roy de France,
22 Il porte la fleur de lis ;

« L'aultre est filz. . . . . .
24 Cestuy la est mon amy. »

C[1]

Que dirons nous   de ceulx de Sainct Omer,
Qui ont esté   mieulx pris qu'au trebuchet[2] ?

[2] *Estournay*, gouvernail.

C. — [1] Cette chanson est relative à la prise de Saint-Omer par le maréchal d'Esquerdes (appelé aussi des Cordes), sur lequel on peut voir le P. Anselme. Elle offre toutefois une difficulté : le maréchal prit la ville par surprise en 1487, mais il ne paraît pas avoir assisté lui-même à l'assaut. Les Impériaux l'ayant reprise, il y rentra en 1489, mais il ne put que pénétrer dans le château, et encore dut-il l'évacuer aussitôt : c'est à cette deuxième affaire que Monstrelet le représente franchissant le premier, une hache à la main, le seuil de la forteresse. Cependant notre chanson doit se rapporter au premier fait d'armes, et alors elle contiendrait sur cet événement un détail inexactement rapporté par les chroniqueurs. Voy. Derheims, *Histoire de Saint-Omer* (1843), p. 298, 305.

[2] Ce vers indique bien la surprise, en effet fort imprévue, par laquelle Saint-Omer fut enlevée en 1487.

Ne doibt on pas   et priser et aymer
Monsieur des Cordes   qui ce bien nous a fait?
Il sert le roy   et de cueur et de fayt,
De corps, de biens,   de sens et de couraige :
7 Par luy sont mis   les Flammans en servaige.

Il ne dit mot   ne fait semblant de riens,
Mais il fait plus   que ne font ces gorriers[3] :
Car par son sens   et luy et tous les siens
Ilz sont entrez   en despit des fourriers ;
Armé en blanc   estoit tous des premiers :
L'espée au poing   monta sur la muraille.
14 Tel homme doit   estre chef de bataille.

CI

« Puisque de vous me fault partir,
Ma doulce amye que j'ayme tant,
Faictes moy a ce coup[1] plaisir :
4 Je vous en prie treshumblement ;

« Ung coup sans plus en actendant,
Mais que ce soit vostre plaisir ;
Et puis après du demourant
8 Nous en fairon tout a loisir.

« Dame, veillez moi obeir,
Ou je mourray soudainement :
Aussy bien nous fault tous mourir,
12 Nous ne savons quant ne comment.

« Long temps a qu'avons esté tant
Nous deux ensemble sans partir :

---

[3] *Gorriers*. Nous retrouverons ce mot, avec une explication pittoresque, dans la chanson cxxiv.

CI. — [1] *A ce coup*, à cette fois ; de même au v. 5 *ung coup*, une fois.

Seroit il donc bon maintenant
16 De s'en aller sans coup ferir ?

« Du temps² que j'estoye jeune enffant,
Tousjours vous ay voulu servir,
Et suys vostre loyal servant,
20 Et seray jusques au mourir.

« Hellas ! vueillez moy secourir
A moy qui suis vostre servant ;
Ayez pitié de vostre amy
24 Qui pour vous meurt en languissant. »

« Je n'ay plaisir ne desplaisir
Touchant vostre despartement,
Et quant vous plaira revenir,
28 Autant après comme devant. »

CII

Pleust a Dieu qu'il fust dit
Par la cour souveraine
Que sans nul contredit
Tous ceulx qui bien s'entresment
Ensemble fussent mis,
Et jaloux bien marriz !
Mais possible n'est pas
8 D'avoir tant de soullas.

Encore s'il feust vray
Qu'après mort l'on s'asemble,
Je vous jure ma foy
Que nous serions ensemble,
Et la raconterions
Les maulx que eu avons,
Et le grand desconfort
16 Que l'on m'a fait a tort.

Du temps, depuis le temps.

Je suis vray amoureux,
Je le vous certiffie,
Et vous jure ma foy
Que c'est de vous, m'amye ;
Car quant vous acoincté
M'amour vous ay donné,
Et pour tout reconfort
24 Vous me donnez la mort.

Et vous avez grant tort,
Ou le dyable m'emporte !
Je vous aymoye si fort
Et de sy bonne sorte
Qu'oncques en mon vivant
Je n'aymé famme tant :
C'estoit tout mon plaisir.
32 De vous vouloir servir.

Je ne me puis tenir
D'aymer qui point ne m'ayme ;
De vivre en cest ennuy
Ce m'est trop griefve paine ;
Mon Dieu, fay moy ce bien
Que je n'ayme plus rien,
Car s'il estoit ainsy
40 Je vivrois sans soucy.

Je ne vous meffis onc,
Ou que Dieu me confonde !
Pourquoy me laissez donc
Le plus triste du monde ?
Dictes moy donc cela,
Comment il vous en va :
Si peu vous en challoit
48 Mon mal se passeroit.

Esse point ung grant mal ?
Sy est, par nostre Dame,

Que je suis en travail
Et si piteuse gamme.
Joye jamès n'auray
Au cueur tant que vivray :
Pour loyaulment servir
56 Me conviendra mourir.

C'est bien pour enraiger
Et pour perdre la vie
Quant il s'en fault aller
Et ne veoir plus s'amye ;
Quant de ce me souvient
De moy ce n'est plus riens,
Car, par mon createur,
64 Je suis son serviteur.

Voire maulgré trestous,
Qui que en parle ou grongne,
Et feussei ge a Tours,
Voire par dela Romme,
Jamais je n'oubliray
Sa tresgrande beaulté :
Car jamais ne vy rien
72 En elle que tout bien.

Jamais n'eusse pencé
Que ce fust si grant peine
Pour avoir bien aymé,
En estre en tel trudeine[1] ;
Mais qui bien aymera
Certes tard oblira[2] ;
Car, par mon createur,
80 Je suis son serviteur.

Ung homme ne saroit
Plus grant honneur acquerre

CII. — [1] *Trudeine*, trouble, agitation.

[2] *Qui bien aime tard oublie*, proverbe très-souvent cité au moyen âge et que nous avons déjà vu, LIII. 3.

Que se pandre au gibbet
Quant il n'a peu conquerre
A estre recueilly
D'une qui est sans sy [3];
Et! m'amye la mort,
88 Vous me faictes grant tort.

Sy vous avoye meffait
A vous, ma doulce amye,
D'une espée en effect
Je m'ousteroye la vie;
Mais jamès ne pensé
Vous avoir offencé,
Car c'estoit mon plaisir
96 D'en tout vous bien servir.

M'amye, vous savez
Que toute ma pensée
C'est de vous plus aymer
Que creature née;
Car pour vous enduré
Ay des maulx un millier
Mais tout cela n'est rien
104 Quant de vous me souvient.

La nuyt ne puis dormir,
Tant suis en grant malaise,
Et ne fais que languyr
Pensant en ma maistresse.
Hellas! elle m'a mys
Au point la ou je suys,
Et pour son grant plaisir
112 Me veult fayre mourir.

---

[3] *Sans sy*, voy. xx, 12.

CIII

Qui belles amours a souvent sy les remue[1].
L'autrier quant chevauchoye a Paris la grant rue
Sur mon cheval moreau[2] qui souvent sault et rue...
4 Qui belles amours a souvent sy les remue.

Les quatre fers qu'il a font la pouldre menue;
La dame du chasteau est aux creneaux venue.
« Qui est ce garson[3] la qui point ne me salue? »
8 Qui belles amours a souvent sy les remue.

« Tel garson que je suis, ailleurs vous ay tenue,
Et dessus vostre lit ay laissé ma sainture
Et a vostre chevet mon espée esmoulue. »
12 Qui belles amours a souvent sy les remue.

CIV[1]

Ladinderindine ladinderindene ladinderindin.

M'y levay par ung matin
Plus matin que ne souloye;
M'en entray en no jardin
Pour cuillir la girouflade.
6 Ladinderindine ladinderindene ladinderindin.

Rencontray le rousignou
Qui estoit dessoubz l'ombrade.
9 Ladinderindine ladinderindene ladinderindin.

CIII. — [1] Le commencement de cette jolie chanson se retrouve dans le ms. fr. 1597. — *Les remue*, les change.
[2] *Moreau*, noir.
[3] *Garson*, terme de mépris au moyen âge.

CIV. — [1] Je reproduis cette chanson telle quelle, avec son mélange de formes françaises et provençales.

Rousignou, beau rousignou,
Va moy faire ung messaige.
12 Ladinderindine ladinderindene ladinderindin.

Au plus gentil compaignon
Qui soit en toute l'armade.
15 Ladinderindine ladinderindene ladinderindin.

Porte pourpoint de veloux
Et la chausse d'escarlate.
18 Ladinderindine ladinderindene ladinderindin.

CV

Ne renvoyez plus, mon amy,
A moy parler : venez y vous,
3 Car messagiers sont dangeroux.

Vostre homme fut asoir[1] ycy,
N'y renvoyez plus, mon amy :
Oncques ne me parla de vous,
7 Mais tousjours m'y pria d'amours.

Il est sy beau et sy joly,
N'y renvoiez plus, mon amy,
Il est vestu de cramoisy,
11 Et satin broché par dessoubz ;

Si le renvoyez plus vers my,
N'y renvoyez plus, mon amy,
Je prendray luy et lerré vous :
15 Car tousjours m'y prie d'amours.

Si vous estiez malade au lit,
N'y renvoyez plus, mon amy,

CV. — [1]*Asoir*, pour *arsoir*, hier soir.

Voluntiers iroye devers vous
19 Pour vous montrer signe d'amours².

CVI

Or me fault il de dueil mourir?
Convient il qu'ainsy voise¹?
Seullecte suis   demourée sans amy,
4   Sans plaisir et sans joye.

Et je m'assis auprès de luy
Ainsy que je souloye;
Et il m'a dit :   « Recullez vous d'yci. »
8   Mon cueur n'est pas en joye.

Et amy, sy le m'eussiès dit
Que reffuzée j'estoye,
Mon cueur eust pris   en gré le vostre esdit:
12   Il fust allé sa voye.

Roussignolet du boys joly
Qui amoureux conforte,
Reconfortez   le joly cueur de my :
16   Mettez le en bonne sorte.

CVII

Hellas! j'ay perdu la personne
Qu'en ce monde j'amoye le plus!
Maintenant quicte le surplus :
4 De toutes c'est la paragonne¹.

---

² Elle veut dire que, même si son amant est malade, il ne doit pas lui envoyer de messagers.

CVI. — ¹ *Voise*, ancien subjonctif d'*aller*.

CVII. — ¹ *Paragonne*; ce féminin du mot *paragon*, tiré de l'espagnol (voy. Littré), est peu usité.

Elle a mon cueur, je le luy donne,
Jamès aultre ne servira :
Je ne sçay comment en ira ;
8 Dieu doint qu'il ait fortune bonne !

A toutes gens je la blasonne[2],
Et ne sçay comment en sera :
Possible pas n'en jouyra[3] ;
12 Sy ainsy est, la mort luy donne.

Ma langue plus nul mot ne sonne
Pour son partir garny de dueil ;
S'elle se plainct, sy fait mon oeil
16 Jusques a ce qu'elle retourne.

Mauldit sois, Lyon sur le Rosne !
Par toy je pers tout mon desir,
Vivant en dueil et desplaisir,
20 Craingnant que par trop ne sujorne.

CVIII

Helas ! je l'ay perdue
Celle que j'aymoie tant !
J'en ay perdu la veue,
4 Dont j'ay le cueur dollent.

Et sy je la revoy
Je lui diré : « Voisine,
Je vous aim loyaulment,
Mais vous m'estes trop fine :
D'amours me monstrez signe,
Et n'en avez tallent[1],

---

[2] Ce vers, intercalé assez maladroitement dans une pensée différente, signifie : « Je dis du mal d'elle (par dissimulation) à tout le monde. »

[3] Le sujet est *le cœur* mentionné au v. 5.

CVIII. — [1] *Tallent*, désir, envie.

Par quoy fault que je fine
12 Mes jours en languissant. »

Danger m'a assally,
Aussy Mellencolye,
Bon Espoir m'a failly
Qui les amans ralie ;
Pensant en ma follie
Je dis en souppirant :
« Qu'est elle devenue
20 Celle que j'aymoye tant ? »

Je me suis presenté
Partout ou je l'ay sceue,
Le long de cet esté
Je l'ay de près segue² ;
Mais la couleur me mue
De penser seullement :
Las ! fault il que je perde
28 Celle que j'aymoye tant ?

Si plus ne vous revoy,
Adieu vous dy, m'amye :
Rendre³ je m'en iray
Dedans une abbaye,
Dedans quelque abbaye
Ou en quelque couvent :
La fineray ma vie
36 Tousjours en languissant.

CIX[1]

On doit bien aymer l'oysellet
Qui chante par nature

---

² *Segue*, suivie.

³ *Se rendre* signifie proprement *se faire religieux*; de là un *rendu*, un moine.

CIX. — [1] Cette chanson, dans sa première partie, paraît se rap-

Ce moys de may sus le muguet
4 Tant comme la nuit dure.

Il fait bon escouter son chant
Plus que nul aultre en bonne foy;
Car il resjouit maint amant :
8 Je le sçay bien quant est a moy.

Il s'appelle roussignolet,
Et met toute sa cure
A bien chanter et de bon het[2] :
12 Aussi c'est sa nature.

Le roussignol est sur un houx
Qui ne pence qu'a ses esbaz;
Le faulx jaloux sy est dessoubz
16 Pour luy tirer ung matteras [3].

La belle a qui il desplaisoit
Luy a dit par injure :
« Hellas ! que t'avoit il mesfait,
20 Meschante creature ? »

porter à une version de l'histoire que raconte Marie de France dans le lai de l'*Austic;* et il est remarquable que certains traits se rapprochent plus de Marie que de la chanson bretonne, telle qu'elle est dans le *Barʒaʒ Breiʒ* (6ᵉ éd., p. 151). Il est d'ailleurs possible que les deux dernières strophes, qui seules offrent ce rapprochement, soient étrangères au reste de la chanson. — C'est sans doute notre chanson qui est citée, sous le nom de l'*Oiselet,* parmi celles sur lesquelles on danse dans le livre V de *Pantagruel* (ch. 33). Elle se retrouve dans le ms. de Bayeux et encore dans le *Premier livre de Chansons à trois parties,* publié en 1578 par Le Roy et Ballart.

[2] *De bon het,* avec entrain.
[3] *Materas,* trait court et gros.

CX[1]

M'amour vous ay donnée,
Mon amy, se m'ait Dieulx,
Et sy ne pourroie mieulx
4 Pour estre bienheurée.

Le jour que ne vous voy
Me dure plus de cent,
Et sy ne sçay pourquoy
Ne vous voy plus souvent;
Je n'ay aultre pensée
Ne de jour ne de nuict :
Je vous pry, mon amy,
12 Que poinct ne soye changée.

Sy je vous ayme bien,
C'est sans nul deshonneur;
En noz amours n'a rien
Que tout bien et honneur ;
Mais langue envelimée
Et les faulx envieux
Dient qu'aymons nous deux
20 D'amours desordonnée.

Fault il pour leur parler
Que j'esloingne mon cueur?
Vers vous je n'ouse aller :
N'esse pas grant malheur?
Par la Vierge honorée,
Pas je ne m'en tiendray;
A vous je parleray,
28 Et sarez ma pensée.

CX. — [1] Le premier vers de cette chanson a servi de thème à une discussion grammaticale terminée par Marot: voy. l'éd. Jannet, t. III, p. 32.

CXI[1]

Mon mary m'a diffamée
Pour l'amour de mon amy,
De la longue demourée
Que j'ay faicte avecques luy.
   He! mon amy,
En despit de mon mary
Qui me va toujours batant,
8 Je feray pis que davant.

   Aucunes gens m'ont blasmée
Disant que j'ay fait amy :
La chose tresfort m'agrée,
Mon tresgracieulx soucy.
   He! mon amy,
En despit de mon mary
Qui ne vault pas ung grant blanc[2],
16 Je feray pis que davant.

   Quant je suis la nuyt couchée
Entre les braz mon amy,
Je deviens presque pasmée
Du plaisir que prens en luy.
   He! mon amy,
Pleust a Dieu que mon mary
Je ne veisse de trente ans !
24 Nous nous donrrions du bon temps.

   [« Sy m'amye est courroucée,
Pensez que j'en suis marry ;
Car elle est sy mal traictée
Pour l'amour de son amy. »

CXI. — [1] On retrouve cette chanson dans le recueil Lotrian, et la première strophe dans le ms. fr. 1597.
[2] *Grant blanc*, monnaie d'argent.

« He! mon amy,
En despit de mon mary
Qui ne m'ayme tant ne quant,
32 Je feray pis que davant. »]

Si je pers ma renommée
Pour l'amour de mon amy,
Point n'en doy estre blasmée,
Car il est coincte et joly.
He! mon amy,
Je n'ay bon jour ne demy
Avec ce mary meschant :
40 Je feray pis que davant.

CXII

Ma seulle dame, sur ma foy,
Plus ne vivray journée
Si vous n'avez pitié de moy :
Ou estes vous allée?
5 Je meurs et mourray   sy ne vous voy.

L'on doit bien aymer loyaument
Quant on a belle amye,
Mais qu'on sceust bien certainement
Que ne luy fust ravye[1] ;
Je ne le dyz pas tout pour moy :
J'en ay une aultre amée
A qui j'ay mon amour donné.
Ou estes vous allée ?
14 Je meurs et mourray   sy ne vous voy.

CXII. — [1] Il faut remarquer cette construction où le pron. *luy* se rapporte à *on*, *l'on*, dans lesquels par conséquent on sent encore le sens primitif de « l'homme ». On rencontre quelquefois cette tournure au douzième ou au treizième siècle, mais elle surprend au quinzième.

J'ay chevauché plusieurs pays,
   Aussy mainte contrée,
Mais point n'en treuve a mon advis
   A qui soit comparée :
Je l'ayme, non pas elle moy ;
   N'esse pas grant follye ?
Je suys en ung terrible esmoy.
   Ou estes vous allée ?
23 Je meurs et mourray   sy ne vous voy.

Doulleur et tristesse m'assault,
   Aussy mellencolye,
Qui me tourmentent si tresfort
   Que j'en perdré la vie ;
Raison pourquoy ? elle a mon cueur,
   M'amour et ma pensée ;
Long temps y a, je vous asseur,
   Qu'elle est ma mieulx amée.
32 Je meurs et mourray   sy ne vous voy.

CXIII

Laissez jouer jeunes gens.

Jeunes gens doyvent jouer,
Nul ne les en doibt reprendre,
Rire, chanter et dancer,
Et faire tout ce qu'ilz pensent.
Quant ung homme a soixante ans
Et jeune femme le prent,
Elle est folle et s'en repend.
9 Laissez jouer jeunes gens.

Nous prirons au doulx Jesus
Qu'il leur doint malle meschance,
A ces vieillars tout chenus

Qui parlent de nos enffances[1] :
Plus en dient qu'il n'y a ;
Mais Dieu les en pugnira
Au grant jour du jugement.
17 Laissez jouer jeunes gens.

CXIV

Par beau semblant   j'ay bien esté desceu
De la belle   de qui je me fioye;
Aultre chose   pour l'heure m'atendoye
4 Fors seullement   ce qui m'est advenu[1].

Je cuidoye bien   de dame estre pourveu,
En esperant   qu'elle fust ma maistresse
Et pour gecter   mon cueur hors de tristesse ;
8 Mais je voy bien   que j'ay mon temps perdu.

De toy me plains,   Fortune, que veulx tu ?
Qu'ay je meffait?   dy moy donc pour quoy esse ?
Esse par toy   qu'on me fait tel rudesse
12 Et qu'on s'ennuye   de m'avoyr jamais veu ?

Que feray je,   de tout bien despourveu
Et desvoyé   de chemin et d'adresse ?
Laisser te fault   le plaisir qu'en jeunesse
16 Tu as trop prins :   il t'est bien cher vendu.

CXIII. — [1] *De nos enffances*, de notre conduite juvénile, de la manière dont nous passons notre jeunesse. Dans les poëmes chevaleresques, *les enfances* sont les premiers exploits d'un héros.

CXIV. — [1] Je m'attendais à toute (autre) chose, excepté à celle qui m'est arrivée.

CXV

Resjouissons nous[1],   tous loyaulx amoureux,
Chantons ensemble   tout d'un vouloir joyeulx
A la venue   de ce doulx temps d'esté ;
Esperons donc   ung chacun d'avoir mieulx,
Et ne soyons   plus melencolieux
Puisque nous suymes   mis hors d'aversité :
    Reculés vous,
    Soucy, de nous ;
    Arriére ! arriére !
    Faisons grant chére
11   Sans estre recuillyé[2] de vous.

J'ay enduré   plus de mille douleurs
Par le regard   seullement de ses yeulx,
Qui ja pieça   sy ont mon cueur navré :
Mais non pourtant   malgré les envieulx
Je l'aymeray   tousjours de myeulx en mieulx
En esperant   d'estre recompensé.
    Recullez vous,
    Soucy, de nous ;
    Arriére ! arriére !
    Faisons grant chére
22   Sans estre recueillié de vous.

Ce mois de may   qui est tant gracieulx
Relevera   ces povres langoreulx ;

CXV. — [1] Sur la mesure de ce mot, cf. LXXII, 19 ; mais voy. ci-dessous, v. 25.

[2] Le mot *recuillyé*, qui est écrit deux fois à peu près identiquement, n'est pas clair. J'y vois la trace d'une conjugaison fautive du verbe *cueillir, cueiller*, qui se présente anciennement (cependant je doute de l'authenticité de *cueille*, 3ᵉ pers. du sg. de l'ind., dans le Châtelain de Coucy, cité par Littré), s'est maintenue dans plusieurs provinces, et s'est fortement mêlée, dans le français littéraire, à la conjugaison régulière (sing. de l'ind. présent, futur, impératif).

Tel jouyra   qui banny a esté;
Allors seront   vrais amans bien eureux,
Et chanteront   tousjours de myeulx en myeulx
Ce que devant   a esté recité :
  Recullez vous,
  Soucy, de nous;
  Arriére ! arriére !
  Faisons grant chére
33 Sans estre recueillié de vous.

CXVI

Dessoubz ung genectay[1] fleury
Je trouvay une gaie bergére,
Qui faisoit chappel de fougére
4 En actendant le sien amy;

 Et chantoit ung chant si jolly
Avecques tant belle maniére :
Elle n'estoit peu ne grant fiére;
8 Oncques mais telle je ne vy.

 Quant son chant ung peu j'euz ouy,
D'elle m'approche, et me fist chére;
Mais bien me deust couster l'enchére[2]
12 Ains que de la fusse party.

 Car de loing Robin je vous vy
Pas a pas venant par derriére
Pour me surprendre; mais la guére
16 Plus je n'artay[3], et m'en fouy.

CXVI. — [1] *Genectay*, bois de genêts.

[2] L'enchère que je mettais, c'est-à-dire mon entreprise, fut bien près de me coûter gros.

[3] *Arter*, forme populaire pour *arrêter*; dans plusieurs provinces elle a envahi toute la conjugaison et même déplacé l'accent : *j'arte*, etc. Cf. la note sur CXVIII, 4.

CXVII[1].

Nous estions troys jeunes fillettes
Qui toutes troys avions amy;
Dont j'en estoys la plus jeunette,
4 De mes amours ne peuz jouyr;

Dont j'en estois la plus jeunette,
De mes amours ne peuz jouyr.
Je m'en allay au bois seullette
8 Et sy n'en savoys le chemin;

Je m'en allay au bois seullette
Et sy n'en savoys le chemin.
Tant l'ay cherchée que l'ay trouvée
12 Dessoubz ung aubepin fleury;

Tant l'ay cherchée que l'ay trouvée
Dessoubz ung aubepin fleury,
Et je la prins par sa main blanche;
16 Elle m'a dit : « Mon bel amy. »

Et je la prins par sa main blanche;
Elle m'a dit : « Mon bel amy,
Viendrez vous point a la journée
20 Que l'on me doit donner mary?

« Viendrez vous point a la journée
Que l'on me doit donner mary?
Il n'est pas beau, mais il est riche,
24 Et sy n'est pas a mon plaisir.

Il n'est pas beau, mais il est riche,
Et sy n'est pas a mon plaisir;
J'aymeroye mieulx celluy que j'aime,
28 N'eust il vaillant qu'ung parisis.

CXVII. — [1] Cette chanson, d'un ton et d'une allure si populaires, offre des incohérences qui sont peut-être originales et qu'en tout cas il n'est pas possible d'écarter.

« J'aymeroye mieulx celluy que j'aime,
N'eust il vaillant qu'ung parisis.
Roussignolet du bois ramaige[2],
32 Conseille moy et je t'en pry;

« Roussignolet du bois ramaige,
Conseille moy et je t'en pry. »
« Ne te conseille ne deconseille :
36 Prens le conseil de tes amys.

« Ne te conseille ne deconseille :
Prens le conseil de tes amys ;
Sy tu le prens et qu'il soit riche,
40 Il le te conviendra servir;

« Sy tu le prens et qu'il soit riche,
Il le te conviendra servir,
Et te dira : Mechante femme,
44 Tu n'avoys rien quant je te pris;

« Et te dira : Mechante femme,
Tu n'avoys rien quant je te pris.
Sy tu prens celluy que tu ames,
48 Tu en jouyras a ton plaisir;

« Sy tu prens celluy que tu ames,
Tu en jouyras a ton plaisir,
Et te dira : M'amye et dame,
52 Il n'est que vivre a son desir.

« Et te dira : M'amye et dame,
Il n'est que vivre a son desir :
On veoit le riche devenir povre,
56 Le povre riche devenir. »

---

[2] *Ramaige*, plein de rameaux. Le *ramage* des oiseaux est proprement le chant qui résonne dans les branches.

CXVIII[1]

Sy j'ayme mon amy
Trop plus que mon mary,
Ce n'est pas de merveille :
Il n'est ouvrier que luy
De ce mestier joly
6 Que l'on fait sans chandelle.

Mon amy est gaillard,
Et mon mary fetard [2],
Et je suys jeune dame :
Mon cueur seroit paillart [3]
D'aymer ung tel vieillart,
12 Veu qu'il est tant infame.

Quant suys avecques luy
Je n'ay que tout ennuy
Ne chose qui me plaise :
Or feust ensevely
Et en terre pourry !
18 Sy serois a mon aise.

Et quant j'ay mon amy
Couché auprès de my,
Il me tient embrassée ;
Aussi fais je moy luy :
D'avoir un tel deduict
24 Jamais n'en fuz lassée.

Sy je fais mon desduit
Soit de jour ou de nuyt
Et le villain se cource [4],

CXVIII. — [1] On retrouve cette chanson dans le recueil Lotrian.
[2] *Fetard*, paresseux, fainéant.
[3] *Paillard*, terme de mépris assez vague ici.
[4] *Cource*, forme contracte de *courrouce;* on a dit d'abord

Ne me chault s'on en bruyt :
Je feray mon plaisir
30 Aux despens de sa bource.

CXIX[1]

Se jo son mau maridade,
Jo hauré gay amadour
Qui toute la noit m'embrasse
4 Et m'ame par bone amour.

Jo qui son tant belle fille,
M'an dounade a ung villan :
La male lance l'occygue
Avant que no sie deman !
Ou que lo re face armade,
Lo billan i sie manda,
Jamais non podos tourna
12 Dequi jo l'anas serca !

courcer et *courrouce*, puis on a complété deux conjugaisons, *courcer* et *courroucer;* cf. ce qui a été dit sur *arter.* La langue actuelle a de même assimilé toutes les formes de *parler* à l'infinitif; autrefois on disait *je parole*, etc. (voy. J. Cornu, dans le n° 16 de la *Romania*). *Manger* a une histoire analogue.

CXIX. — [1] J'ai remis cette chanson gasconne dans les formes de son dialecte avec l'aide de M. Paul Meyer. J'en donne la traduction.

« Si je suis mal mariée, — j'aurai un gai amoureux, — qui m'embrasse (*subjonctif*) toute la nuit, — et m'aime de bon amour.

« Moi qui suis tant belle fille, — ils m'ont donnée à un vilain; — la male lance le tue — avant qu'il soit demain ! — Ou que le roi fasse une armée, — que le vilain y soit mandé, — et ne puisse jamais revenir — jusqu'à ce que je l'aille chercher.

« Le vilain m'a battue — comme un ânon blanc (*que* au v. 13 paraît purement explétif; je ne sais que faire de *Quante* au v. 14; est-ce un simple renforcement de *comme?*); — mais par Dieu! si je vis guère, — je le paierai bien juste; — et sans arme et

Lo billan que m'a batude
Quante comme ung asnon blanc;
Mais, par Dieu, sy byvy gouare
Jo lo pagueray be plan;
Et sens baston ny sens lance,
Ny degun de mes amys,
J'o feray porta las cornes
20 Con fan los nostres crains.

L'autri hier jo soneiave
Que jo ere o mon ama,
En une cambre parade
En ung lit encourtina;
Are son areveillade,
Audy lo villan ronca :
De coste m'en son virade,
28 Preze me son a plora.

Jo soullave anar vestide
De drap d'estrange coullour,
De satin et d'escarlette
De damas et de bellour;
Are fau porta lo negre :

sans lance, — ni le secours d'aucun de mes amis, — je lui ferai porter des cornes, — comme font nos béliers (le mot *crahin*, employé comme injure, *Anc. Th. Fr.*, III, 356, est certainement notre *crain*, dont le sens ressort du contexte).

« L'autre jour je songeais — que j'étais avec mon aimé, — en une chambre parée, — en un lit encourtiné; — maintenant je me suis réveillée, — j'ai entendu le vilain ronfler : — je me suis tournée de côté — et me suis prise à pleurer.

« Je soulais aller vêtue — de drap d'étrange couleur, — de satin et d'écarlate (voy. LIII, 19), — de damas et de velours. — Maintenant il faut porter le noir, — mon ami s'en est allé; — jamais je ne serai joyeuse — jusqu'à ce qu'il soit revenu.

« O douce Vierge Marie, — mère de tout pécheur, — de bon cœur je te recommande — mon ami par amour; — car du vilain je n'en ai cure, — tant il est querelleur; — la male lance le tue — avant qu'arrive le jour clair! »

Mon amy s'en est ana ;
Jamais no seray joyose
36 Tant que sie retourna.

O doulce verge Marie,
Mare de tout pecadour,
De bon cor te recommande
Lo myo amy par amour ;
Car du billan jo n'ay cure,
Tant il est ariota ;
La male lance l'occigue
44 Avant que sie lo jour clart

CXX

Si j'ay perdu par medisans
Mon amy, j'en suis bien marrie :
Avecques luy passois mon temps
Et aussy ma merencolie.
Mais faulx jaleux remplyz d'envie
Sy m'ont mise hors de sa grace ;
Or est la chance bien tournée :
8 S'il ame ailleurs, bon pro luy face.

Cuydant qu'il fust vray amoureulx,
Je lui avoie donné livrée[1] :
C'estoit de jaune, vert et bleu,
En esperance d'estre aymée ;
Mais elle luy sera oustée,
Et puis ailleurs sy se prochasse.
Or est la chance bien tournée :
16 S'il ame ailleurs, bon pro luy face.

CXX. — [1] *Livrée*, garniture de rubans qui indiquait, soit chez les domestiques, soit chez les amoureux, à qui ils appartenaient. C'était aussi le signe distinctif d'une association ; voy. ci-dessus XLII, 9 ; LVI, 6.

De gris je vestiré mon cueur,
Et de noir feray ma livrée :
C'est pour monstrer la grant douleur
Ou mon amy m'a cy laissée;
Jamès n'en seray deslivrée
Jusques a ce que je trespasse.
Or est la chance bien tournée :
24 S'il ame ailleurs, bon pro luy face.

Vray Dieu d'amours, conforte moy,
Moy qui suis tant desconfortée;
Je n'ay plus nul recours qu'a toy
Puisque mon amy m'a lessée.
On dit que je l'ay fait d'amblée [3] :
Sy ainsy est, Dieu me defasse.
Or est la chanse bien tournée :
32 S'il ame ailleurs, bon pro luy fasse.

Ces medisans et faulx amans
On deust escorcher tous en vie,
Et aussi tous ces raportans
Qui sur vrais amans ont envie;
Que mauldite en soit la lignée !
Car pour eulx fault que je trespasse.
Or est la chanse bien tournée :
40 S'il ame ailleurs, bon pro luy face.

Roussignolet, de tes doulx chans
Tes toy, tu ne me resjouys mye;
En lieu de ce fay moy presans
De soucy, pensée, encollie [4],
Puisqu'est venue la journée
Que de plus vivre je suis lasse.

---

[3] Ce vers signifie sans doute : On prétend que c'est moi qui ai commencé, qui l'ai laissé (trahi) la première.

[4] *Ancolie*, fleur que la ressemblance du son fait, dans toute la poésie de ce temps, employer comme symbole de la mélancolie, à côté du souci et de la pensée.

Or est la chance bien tournée :
48 S'il ame ailleurs, bon pro luy face.

CXXI[1]

Vray Dieu, qui m'y confortera
Quand ce faulx jaleux me tiendra
3 En sa chambre seulle enfermée ?

Mon pére m'a donné ung viellart
Qui tout le jour crie : « Hellas ! »
6 Et dort au long de la nuytée.

Il me fausist ung vert gallant
Qui fust de l'aage de trente ans
9 Et qui dormist la matinée[2].

Roussignolet du boys plaisant,
Pourquoy me vas ainsy chantant[3],
12 Puisqu'au veillart suis mariée ?

Amy, tu sois le bienvenu :
Long temps a que t'ay attendu
15 Au joly boys soubz la ramée.

CXXII

Vray Dieu ! qu'amoureux ont de peine!
Je sçay bien a quoy m'en tenir :
Au cueur me vient ung souvenir
4 De la belle que mon cueur ayme.

Je la fuz veoir l'aultre sepmaine :
« Belle, comment vous portez vous ? »

CXXI. — [1] Cette chanson est aussi dans le ms. de Bayeux.
[2] Et non pas la nuit.
[3] *Chanter* est pris ici activement ; on trouve de même *crier*. On dirait aujourd'hui familièrement *crier*, *chanter* après *quelqu'un*.

« Je me porte tresbien sans vous :
8 A bref parler point ne vous ayme. »

Tous les basteaux qui sont sur Seine
Ne sont pas tous a ung seignour ;
Aussy ne suis je pas a vous :
12 Qui bien vous ayme y pert sa peine.

Adieu la blanche marjolaine,
Aussy la flour de romarin,
Que j'ay cuilly soir et matin
16 En attendant celle que j'ayme.

CXXIII[1]

Vray Dieu d'amours, confortez moy :
Mise m'avez en grant esmoy
Pour mon amy que point ne voy
En ceste nouvelle saison ;
Hellas ! comment passeray donc
6 Ce mois de moy qui est si long ?

Que je le veoye a tout le moins[2]
Pour l'ambrasser de mes deux mains,
Car j'en ay fait souppirs et plains
En ceste nouvelle saison ;
Merveille n'est sy je m'en plains,
12 Et pour ce faictes m'en raison.

[J'é passé plusieurs moys de may
Ou mon cueur n'estoit pas trop gay ;
Je ne dis pas ce que je sens :
Trop fort endurer n'est pas bon ;

CXXIII. — [1] Le premier couplet de cette chanson a été indûment colloqué en tête de la chanson VIII ; voy. ci-dessus, p. 9.

[2] *Moins* s'est habituellement prononcé *mains* pendant le quinzième et le seizième siècles.

On doit aymer quand il est temps
18 Sans acquerir maulvais renon.]

[Et aussy que mon doulx amy
De vous³ ne soit mis en obly
Mais aye d'amours vision,
Et affin qu'en soit mension,
Me suys rendue a vous ycy
24 En vous presentant mon soucy.

Souviengne vous aussy de moy
Ains que ne soye plus en esmoy,
En melencolies⁴ et pensées,
Qui vous sont ycy presentées
De ma treshumble affection
30 Desquelx vous foys oblacion.]

Je prie le dieu d'amours joly
Qu'il me mecte hors de soucy
Et qu'il m'envoye mon amy
En ceste nouvelle saison ;
Car j'ay languy an et demy
36 Et languis sans nulle achoison⁵.

Roussignolet gent et joly,
Va a mon amy, et luy dy
Que je me recommande a luy
En ceste nouvelle saison,
Et qu'amours m'ont myse en oubly
42 Ce mois de may, par mesprison⁶.

---

³ *De vous* : il s'agit du dieu d'amour.
⁴ L'ancolie est ici appelée *melencolie* par suite de l'assimilation indiquée plus haut (p. 121).
⁵ *Achoison*, cause, d'*occasionem*.
⁶ *Mesprison*, voy. LXXXIV, 2.

CXXIV[1]

Vray Dieu d'amours, reconfortez ma dame,
Celle que j'ayme dessus toute autre femme,
Et la gardés de deshonneur et blasme
4 Jusques a tant que mon retour sera.

« Lassus aux bois feray ma demourée
Seulle a part moy comme femme esgarée,
Et de nully ne seray consollée,
8 Fors que de vous tousjours me souviendra.

« Mon bel amy, reprenez en vous joye,
Car voustre suis quelque part ou que soye :
Les envyeulx m'ont fait perdre la voye,
12 Dont je voy bien que mourir me fauldra.

« Les faulx jaloux qui sur moy ont envye
M'ont fait souffrir grant peine et grant martyre,
Las ! envieulx, je vous doy bien mauldire,
16 Car c'est par vous que mon amy s'en va.

« Roussignolet, veillez pour moy escripre
La grant douleur que seuffre et n'ouze dire,
Pource qu'il fault que je vive en martire
20 Pour mon amy qui loing de moy s'en va.

« C'est desplaisir que toust on se retire :
Quant bien y pense tousjours mon mal empire ;
Je prie a Dieu qu'il les vueille mauldire,
24 Qui noz amours si toust desparty a ! [2] »

CXXIV. — [1] Cette chanson se retrouve dans le recueil Lotrian.

[2] On pourrait lire *le* au v. 23, mais il vaut mieux laisser le texte tel qu'il est. C'est un exemple d'anacoluthe curieux, mais explicable.

CXXV[1]

Et que feront povres gendarmes
En la Conté[2] en garnison?
Il leur fauldra rendre les armes,
Ou bayart mengera grison[3].
Quitter leur fault leur garnison,
Car ilz n'ont pas ung petit blanc[4] :
Le roy des Rommains les abuse,
8 C'est la façon des Allemens.

Il y a ung duc en Aultriche,
Roy des Rommains se fait nommer ;
Mais il n'en est de rien plus riche :
Ilz ne le veullent advouer.
Gendarmes a fait amasser,
Mais il n'a pas foison d'argent[5] ;
La fiebvre puisse il espouser,
16 Qui le serrera longuement !

Il se fioit en Ludovic[6]
Qui a fait mourir son nepveu ;

CXXV. — [1] Cette curieuse chanson d'*aventuriers* (c'est le nom des soldats de fortune comme l'auteur de notre pièce) se rapporte évidemment aux guerres de Louis XII contre Maximilien. La date précise n'est guère possible à donner. Une chanson de *Pauvres gens d'armes* est citée au l. V de *Pantagruel*.

[2] *La Conté*, la Franche-Comté.

[3] *Bayart* et *Grison* sont les noms de deux espèces de chevaux, *bai* et *gris*, et en même temps, dans l'ancienne langue, sont d'habitude le nom propre de chaque individu de cette espèce. Le vers signifie : nos chevaux se mangeront l'un l'autre.

[4] Monnaie d'argent.

[5] On sait que ce fut le souci perpétuel de Maximilien que de trouver de l'argent pour payer ses troupes, et qu'il n'y réussit que rarement.

Ludovic Sforza, qu'on accusait, non sans vraisemblance, d'avoir empoisonné son neveu Galéas.

Il a trahy le roy de France⁷,
Mais il n'a pas eu du meilleur :
A la journée de Forneuf
Il luy mourut beaucoup de gens ;
Et ceux qui ne m'en vouldront croire
24 Demandent aux Venissiens⁸.

Celluy qui feist la chansonnette,
C'estoit ung povre dechassé ;
Il a vendu sa maisonnette
Pour servir la croix sainct André⁹ ;
Mais il n'y a gueres gaingné :
Du bon du cueur il s'en repend ;
Il veult servir le roy de France,
32 Qui luy en donra largement¹⁰.

CXXVI

« Gentilz gallans de France
Qui en la guerre allez,
Je vous prie qu'il vous plaise
4 Mon amy saluer. »

« Comment le saluroye
Quant point ne le congnois ? »
« Il est bon a congnoistre :
8 Il est de blanc armé ;

---

⁷ Maximilien entra, en 1495, dans la ligue contre la France dont les troupes furent défaites à Fornoue (pour adopter la singulière transcription de *Fornovo* admise dans notre histoire), le 5 juillet de cette année.

⁸ Les Vénitiens étaient du nombre des vaincus à Fornoue.

⁹ *La croix saint André*, ou croix de Bourgogne, devenue l'emblème de Maximilien pour ses possessions provenant de Charles le Téméraire.

¹⁰ Les mœurs des aventuriers, ce fléau des guerres de l'époque, ne peuvent être peintes plus naïvement que dans ces derniers vers.

« Il porte la croix blanche[1],
Les esperons dorez,
Et au bout de sa lance
12 Ung fer d'argent doré. »

« Ne plorés plus, la belle,
Car il est trespassé :
Il est mort en Bretaigne,
16 Les Bretons l'ont tué[2].

« J'ay veu faire sa fouce
L'orée d'ung vert pré,
Et veu chanter sa messe
20 A quatre cordelliers. »

CXXVII[1]

Gentilz gallans adventureux
Qui en amours plaisir prenez,
Monstrés vous tousjours gracieux
Et saigement vous gouvernez ;
S'aucune dame rencontrez
Pour voz plaisirs joyeusement,
Donnez dedans, ne vous feignez :
8 Autant en emporte le vent.

Sy le jeu luy est amoureulx,
Toust d'elle bien aymé serez,
Tant que vous serez vigoreux
Et que fournir au jeu pourrez ;
Vostre jeunesse passerés

CXXVI. — [1] La croix blanche, dans la guerre livrée par Charles VIII à François de Bretagne (1488), était le signe distinctif des Français, comme la croix noire celle des Bretons. Voy. le *Monologue du Franc Archer de Bagnolet.*

[2] Probablement à la bataille de Saint-Aubin (28 juillet 1488).

CXXVII. — [1] Encore une ballade tronquée (sans envoi) qui n'a nullement le caractère populaire.

    A voz plaisirs jouyeusement ;
    Du surplus ne vous souciez :
16 Autant en emporte le vent.

    S'elle est fine, soyez songneux
    Que de ses fins tours vous gardez,
    Car souvent les plus rouges gueux [2]
    Y sont surprins, bien l'entendez :
    S'elle demande, promettez
    Et vous ventés fort hardiment :
    Que vous est il se vous mentez ?
24 Autant en emporte le vent.

CXXVIII [1]

    Il fait bon veoir ces hommes d'armes
    Quant ilz sont montés et bardés ;
    Il fait beau veoir luyre ces armes
    Dessoubz ces estandars dorez,
    Et archers de l'autre cousté
    Pour ruer jus Lombars par terre.
    Entre nous, gentilz compaignons,
8   Suyvons la guerre.

---

[2] *Rouge* signifie « rusé, roué ». Voy. les *Poésies attribuées à Villon*, éd. Jannet, p. 185 ; Phil. de Vigneulles, *Mémoires*, p. 185 ; Gresban, *la Passion*, v. 3779 et pass. Notre passage est à peu près identique à la locution citée par Cotgrave : *Les plus rouges y sont pris* (*The craftiest, or cunningest are entrapped there*). — *Gueux*. Littré ne donne pas d'exemple de ce mot aussi ancien que le nôtre. On voit que le sens primitif est, non pas « mendiant », mais « compagnon », ou plutôt, si l'on peut le dire, « coquin » dans une acception favorable. Ce mot rappelle dès lors le *gayeux* employé avec le même sens dans le *jargon* de Villon, et s'éloigne ainsi tout à fait de *queux*, avec lequel il n'a en réalité aucun rapport (dans l'exemple d'Ol. de la Marche, cité par Littré, *gueux* est certainement une faute de copie ou de lecture pour *queux*).

CXXVIII. — [1] La mention des Lombards dans cette pièce, pleine de vie et de couleur, montre qu'elle se rapporte aux guerres d'Italie de Louis XII, ou plutôt de Charles VIII.

Ruez, faulcons, ruez, bonbardes,
Serpentines et gros canons ;
Et montez sus chevaulx et bardes [2],
Sonnez, trompettes et clairons ;
Affin que bon butin gaingnons,
Et que puissons bon bruit acquerre,
Entre nous, gentilz compaignons,
16   Suyvons la guerre.

[Gallans qui desirez la guerre,
Ce n'est que toute abusion :
Il n'a si grant seigneur sur terre
Qui n'en viengne a perdicion ;
Laissez ceste discencion
Qui fait mourir mainte personne,
Autant le petit que le grant ;
24   La paix est bonne [3].]

CXXIX [1]

Ilz sont bien pelez   ceulx qui font la gorre ;
Ils sont bien pelez   et d'argent vuidez.

Ces mignons gorriers,   quant vient le dymanche,
Ilz semblent fourriers [2]   a tout leurs grans manches ;

---

[2] *Barde.* Ce mot, d'où dérive *barder*, signifie la selle de combat qu'on mettait au cheval. Cependant *bardez* (pour *bardes?*) dans Coquillart, t. I, p. 174, signifierait, d'après M. d'Héricault, « chevaux de somme ». Un sens analogue conviendrait bien ici.

[3] Strophe évidemment ajoutée par un glossateur d'humeur pacifique.

CXXIX. — [1] Cette peinture vive des *gorriers*, ou gens à la mode, s'applique naturellement à ceux d'entre eux qui voulaient mener grand train sans en avoir les moyens. Ne dirait-on pas que notre chanson a pour auteur un de ces *pouvres varlets* dont elle retrace les misères ?

[2] *Fourrier.* Je ne saurais dire ce que l'auteur entend au juste ici par *fourriers*, et pourquoi ils avaient de grandes manches. Les grandes manches sont présentées ailleurs comme l'indice d'un luxe excessif.

Pourpoint descouppez   pour aller en danse :
6 C'est pour atrapper   filles a marier.

  Ilz portent bonnet   par dessus l'oreille,
  Large en verité   comme une corbeille ;
  S'ilz ont pouvreté   ce n'est pas merveille,
10 Car trop la moictié   en font sans pitié.

  Portent brodequins,   soulliers a oreilles ;
  Et tous les matins   il leur fault deux seilles
  D'eau pour les laver,   pour faire la gorre[3] :
14 Leurs pouvres varletz   en ont mains souffletz.

  Quant vient au partir   de l'ostellerye,
  Ilz n'ont pas ung blanc,   et l'ostesse crye :
  « Payez que devez,   que maulgré ma vie !
18 Ou vous y lerrez   chevaulx et coursiers. »

CXXX[1]

  Je m'y levay par ung matin
    La fresche matinée
  Et m'en entray en ung jardrin
4   Pour cuillir girofflée ;

  Et m'en entray en ung jardrin
    Pour cuillir girofflée,
  Et je trouvay le myen amy
8   Qui dormoit sur la prée ;

  Et je trouvay le myen amy
    Qui dormoit sur la prée ;
  Et je luy feis ung oriller
12   D'amours et de pensée ;

---

[3] Ce vers est bien probablement altéré.

CXXX. — [1] Comparez avec ce début (qu'on retrouve presque semblable dans le ms. 1597) celui de la ch. CIV.

Et je luy fis ung oreiller
D'amours et de pensée,
Et il me print a demander
16 Sy j'estoye mariée.

Et il me print a demander
Sy j'estoye mariée :
« Nenny, beau sire, en bonne foy :
20 Amours m'en ont gardée.

« Nenny, beau sire, en bonne foy ;
Amours m'en ont gardée :
Il vault bien myeulx avoir amy
24 Qu'estre mal mariée.

« Il vault bien myeulx avoir amy
Qu'estre mal mariée ;
Car on change bien son amy
28 Pour une courroucée[2] ;

« Car on change bien son amy
Pour une courroucée ;
Mais on ne peult changer mary
32 Jusqu'a la mort finée.

« Mais on ne peult changer mary
Jusqu'a la mort finée ;
Et encore quant il est mort,
36 On n'est pas acquittée ;

« Et encore quant il est mort,
On n'est pas acquittée ;
Car il en fault porter le dueil
40 Tout du long de l'année ;

« Car il en fault porter le dueil
Tout du long de l'année,

[2] Pour une fâcherie.

Le chapperon tout rabatu,
44   La robbe deffourée³ ;

« Le chapperon tout rabatu,
La robbe deffourée. »
Nous en iron jouer au boys
48   Soubz la belle ramée ;

Nous en iron jouer au boys
Soubz la belle ramée,
Et chanterons ung chant piteux
52   Pour les maumariées⁴.

CXXXI

Helas ! je pers mes amours.

Par ung matin m'y levoye
Plus matin que ne souloye,
Ung petit devant le jour.
5 Hellas ! je pers mes amours.

En mon verger a une ente¹,
Qui fleurist quant luy commande
Et n'aporte qu'une flour.
9 Hellas ! je pers mes amours.

L'alouette est sur la branche,
Qui pleure et qui se tormente
Et demène grant doulour.
13 Hellas ! je pers mes amours.

Elle dit en son langaige :
« Amours qui vont par messaige ²

---

³ *Deffourée*, dépouillée de fourrures. Le deuil interdisait aux femmes l'usage des fourrures.

⁴ Cf. la note sur la ch. v.

CXXXI. — ¹ *Une ente*, un jeune arbre destiné à être greffé, ou nouvellement greffé.

² Les amours qui ont recours à l'intermédiaire de messagers: cf. ch. cv.

Ne sont pas sans traison.
17 Hellas ! je pers mes amours.

« Amours qui sont bien selées
Sont tousjours les myeulx aymées
Et par droit et par raison. »
21 Hellas ! je pers mes amours.

Et, mon Dieu ! que c'est grant peine !
Quant deux jeunes gens s'entrayment,
Las ! pourquoy les depart on ?
25 Hellas ! je pers mes amours.

Hellas ! j'ay perdu m'amye,
Dont je me tiens bien de rire,
Et soupire nuyt et jour.
29 Hellas ! je pers mes amours.

CXXXII

Il n'y a icy celluy
   Qui n'ait sa belle amye ;
Je ne le dy pas pour my :
   La myenne n'y est mye.
Elle est bien a son plaisir
Celle qui a son desir ;
Elle est bien a son plaisir,
8   Mais je ne l'ouse dire.

Or doy je bien au jour d'uy
   Chanter : ha ! qu'il m'ennuye
Veu que porte tant d'ennuy
   Et de melencolie ;
Dueil, courroux et desplaisir
Sont venuz mon cueur saisir ;
Dueil, courroux et desplaisir
16   Me font souffrir martire.

A la rigueur suis pugny
   Quant ma joye est bannye.
Et me voy du tout banny
   De toute compaignye,
Quant ma dame a prins loisir
D'autre amy que moy choisir,
Quant ma dame a prins loysir
24   De tous points m'escondire.

Or n'est il de sens garny
   Qui fait telle follye
Que pour ouy ou nenny
   Au train d'amours se lye :
A l'entrée et au saillir
Danger y a d'y faillir,
A l'entrée et au saillir
32   Trop de mal on y tire.

Dame n'a cueur anobly
   Mais pensée aservie,
Mectre celluy en oubly
   Qui sy bien l'a servie¹!
Il se peult bien esjouyr
Qui d'elle pourra jouir,
Il se peult bien esjouir,
40   Mais je ne voy que rire.

Roussignolet mon amy,
   Par amour je te prie,
Ne prens repoux ne demy
   Mais tousjours chante et crye,
Tant que puisse parvenir

CXXXII. — ¹ La construction de ces vers est bizarre, mais je ne crois pas devoir la redresser. Le poëte voulait dire : « Celle-là n'a pas le cœur noble, mais bien l'âme servile, *qui* met en oubli, etc., » mais il a changé tout à coup la forme de sa phrase.

Au point ou je vueil venir,
Tant que puisse parvenir
48 A ce que je desire.

CXXXIII

J'ay ung mary qui est bon homme :
Il prent le pot et va au vin,
Et puis en boit ung bon tatin
Tandis que je fais la besongne.
5   Le bon homme!

Or pleust a Dieu qu'il fust a Romme
Et que je feusse dans Paris
Entre les braz de mon amy,
Mais qu'il me feist bien ma besongne.
10   Le bon homme!

CXXXIV[1]

Yo, yo! compére, commére,
2   Sy vous ne savez dire yo!

Penotte se vieult marier :
On ne scet a qui la donner
Pour ce qu'elle est ung peu trop sotte.
M'amye Penotte, Marotte ma sotte,
Vous n'arez point de verte cotte
Sy vous ne savez dire yo!
Yo, yo! compére, commére,
10   Sy vous ne savez dire yo!

Penotte s'en va au marché;
Robin lui porte son pannyer,
Et sy n'y a ne oeuf ne cocque.

CXXXIV. — [1] Cette chanson à danser n'a que très-peu de sens.

M'amye Penote, Marotte ma sotte,
  Vous n'arez point de verte cotte
    Sy vous ne savez dire yo !
    Yo, yo ! compére, commére,
18   Sy vous ne savez dire yo !

  Penotte s'en va au moustier ;
Robin luy porte son psaultier,
Et sy ne scet sa patenostre.
M'amye Penotte, Marotte ma sotte,
  Vous n'arez point de verte cotte
    Sy vous ne savez dire yo !
    Yo, yo ! compére, commére,
26   Sy vous ne savez dire yo !

  Penotte s'en va au jardrin :
Robin luy taste son tetin
Qui est rond comme une pelotte.
M'amye Penotte, Marotte ma sotte,
  Vous n'arez point de verte cotte
    Sy vous ne savez dire yo !
    Yo, yo ! compére, commére,
34   Sy vous ne savez dire yo !

  Penotte s'en va au moulin
Dessus son asne Baudoyn[2],
Et sy n'y a ne sac ne poche.
M'amye Penotte, Marotte ma sotte,
  Vous n'arez point de verte cotte
    Sy vous ne savez dire yo !
    Yo, yo ! compére, commére,
42   Sy vous ne savez dire yo !

---

[2] *Baudouin* est le nom populaire de l'âne aux quinzième et seizième siècles, comme *Martin* depuis. De *Baudouin* dérive le diminutif familier *baudet*. Dans les branches du roman de *Renart* qui nous sont parvenues, l'âne s'appelle *Bernard* ou *Timer;* mais les textes plus anciens l'appelaient *Baudouin* comme le montrent les versions allemande et néerlandaise.

CXXXV

Le grant desir d'aymer me tient
Quant de la belle me souvient
3 Et du joly temps qui verdoye ;

Tantoust partir il me convient
Pour veoir celle qui mon cueur tient,
6 Car de la veoir j'ay tresgrant joye.

« Ma dame, Dieu vous doint bon jour !
Je suis venu par devers vous :
9 Vostre amour sy fort me guerroye ! »

« Amy, bien venu soiez vous !
Vous fault il rien ? que voulez vous ?
12 Vous fault il la chose que j'aye ? »

« Ouy, ma dame, en verité :
De vostre amour suis tant navré
15 Que j'en meurs sy on n'y pourvoye[1]. »

« Et je suis celle a qui ne tient
Sy son amy pas ne parvient
18 A prendre l'amoureuse proye. »

[Dieu gard de mal mon bel amy,
Et tous ceulx qui l'ayment aussy,
21 Et tous ceulx de sa compaignye !]

CXXXVI [1]

Della la riviére sont
Les troys gentes damoiselles ;
Della la riviére sont :
4 Font ung sault et puys s'en vont.

CXXXV. — [1] Solécisme amené par la rime (subjonctif pour indicatif).

CXXXVI. — [1] Nous avons ici une vraie chanson enfantine, encore en partie conservée dans celle des *Marionnettes*.

Je perdy assoir² ycy,
Je perdy assoir icy
Le bonnet de mon amy,
8 Le bonnet de mon amy.

« Et vous l'avez. »
« Et vous mentez. »
« Et qui l'a donc ? »
12 « Nous ne savon. »

Dela la riviére sont
Les troys gentes damoiselles ;
Dela la riviére sont,
16 Font ung sault et puis s'en vont.

CXXXVII¹

Ay, ay, ay, ay ! que fuertes penas !
2 Ay, ay, ay, ay ! que fuerte mal !

Hablando estaba la reina
En su palacio real,
Con la infanta de Castilla,
Princesa de Portugal.
Ay, ay, ay, ay ! que fuertes penas !
8 Ay, ay, ay, ay ! que fuerte mal !

Allí vino un caballero
Con grandes lloros llorar :

---

² *Assoir*, hier soir, voy. cv, 4.
CXXX. — ¹ Cette pièce, que j'ai déjà publiée dans la *Romania*, t. I, p. 363, se rapporte à la mort du jeune prince Affonso de Portugal, arrivée le 12 juillet 1491. Sur le rapport de notre chanson avec d'autres pièces composées sur le même sujet, voy., outre la *Romania*, la *Bibliographia critica portugueza* (t. I, art. 12), et le passage, cité aux *Variantes*, du livre de M. Milá y Fontanals.

« Nuevas te traigo, señora,
 Dolorosas de contar. »
 Ay, ay, ay, ay ! que fuertes penas !
14 Ay, ay, ay, ay ! que fuerte mal !

 « Ay ! no son de reino extraño
 De aquí son, de Portugal.
 Vuestro príncipe, señora,
 Vuestro príncipe real.... »
 Ay, ay, ay, ay ! que fuertes penas !
20 Ay, ay, ay, ay ! que fuerte mal !

 « Es caido de un cavallo
 Y l'alma quiere a Dios dar ;
 Si le queredes ver vivo,
 Non querades detardar. »
 Ay, ay, ay, ay ! que fuertes penas !
26 Ay, ay, ay, ay ! que fuerte mal !

 Allí está el rey su padre,
 Que quiere desesperar.
 Lloran todas las mujeres,
 Casadas y por casar.
 Ay, ay, ay, ay ! que fuertes penas !
32 Ay, ay, ay, ay ! que fuerte mal !

CXXXVIII[1]

Reveillez vous, Piccars,   Piccars et Bourguignons,
 Et trouvez la manière   d'avoir de bons bastons[2],
 Car veez cy le printemps   et aussy la saison
4 Pour aller a la guerre   donner des horrions.

CXXXVIII. — [1] Cette chanson d'aventuriers, peu claire, a sans doute pour auteur un Picard au service de Maximilien.
 [2] *Baston*, arme en général.

Tel parle de la guerre   qui ne scet pas que c'est ;
Je vous jure mon ame   que c'est ung piteux fait,
Et que maint homme d'armes   et gentil compaignon
8 Y ont perdu la vie   et robbe et chaperon.

Ou est ce duc d'Aultriche[3] ?   il est ou Pais Bas ;
Il est en basse Flandre   avecques ses Piccars,
Qui nuyt et jour le prient   qu'il les vueille mener
12 En la haulte Bourgoingne   pour la luy conquester.

Adieu, adieu Salins,   Salins et Bezançon,
Et la ville de Beaulne   la ou les bons vins sont ;
Les Piccarz les ont beuz,   les Flamans les payeront
16 Quatre pastars[4] la pinte,   ou bien bastuz seront.

CXXXIX

La nuit, le jour je suis en painne
    Et grant tourment ;
J'ay pis que la fievre cartainne
    Ou mal de dent :
Voulez savoir qui me demaine ?
Helas ! ce sont amours certainne :
    Quant Dieu plaira,
Avec la plus belle qui vive
9   Mon cueur sera.

Entré je suys en grant pensée,
    Et suys dolent
Que ne puis parler a m'amye
    Que j'ayme tant.
En son sain porte porte deux pommettes
Qui me tiennent en amourettes,
    Mais je ne sçay

[3] Maximilien.
[4] *Pastard*, ou mieux *patard*, petite monnaie de cuivre.

Sy jamais en jour de ma vie
18   J'en jouyray.

Ma dame est belle et gracieuse,
    Et le corps gent;
Elle a la coulleur vermeillecte,
    Regard rient ;
De sa bouche sort une alaine
Qui tient ma personne si sainne;
    Mais bien je voy
Que suis auprès de la fontainne
27   Et meurs de soy [1].

Qu'as tu fait de tes amourettes,
    Chetif dolent ?
Tu ressembles la tourterelle
    Qui va vollent :
La tourterelle a telle guise,
Quand elle pert sa compaignie,
    Devers le soir
Elle serche les branches seiches
36   Pour soy assoyr.

Roussignolet qui au boucaige
    Chans [2] doulcement,
Va a m'amye faire ung messaige
    En ton doulx chant,
En disant : « Ung amant m'envoye
Par devers vous, et vous envoye
    Ce cuer dolent :
Secourez le de vostre amour
    Presentement. »

CXXXIX. — [1] Pensée très-souvent reproduite à cette époque, et qui a fourni, notamment, le premier vers de toute une série de ballades faites par Charles d'Orléans et ses familiers, ainsi que le refrain d'une ballade signalée par M. P. Meyer, dans le *Bulletin de la Société des anciens textes*, I, 32.

[2] *Chans*. Cette forme, extrêmement singulière, ne peut être changée à cause du rhythme.

CXL[1]

Nous n'y porteron plus d'espée,
Ne hommes d'armes ne archers :
On nous a rongné noz quartiers ;
    C'est grant pitié
5 Aux gens d'armes perdre soudée.

Noz lances sy sont defferrées,
Noz espées n'ont point de pointe ;
Nous pillerons les gens par tout ;
    C'est grant pitié
10 Aux gens d'armes perdre soudées.

Nous crirons tous à la vollée :
« Hee ! noble roy, vous avez tort :
Vostre feu pére qui est mort
14 Ne feist jamès perdre soudée. »

CXLI[1]

Une petite hacquenée,
Grosse, carrée comme ung roussin[2],
Aussy doulce comme ung poussin,
4 Trouvay l'aultre jour esgarée.

Le marechal qui l'a ferrée
L'a encloué d'ung pié ou deux :

CXL. — [1] Voici encore une chanson d'aventuriers bien caractéristique : dès qu'on les licenciait, ils devenaient brigands (v. 8). La chanson se rapporte nécessairement à Charles VIII. L'éloge que reçoit ici Louis XI paraît d'abord singulier, mais il n'était pas avare pour les gens de guerre.

CXLI. — [1] On trouve dans les *Anc. Poés. franç.*, t. VIII, p. 335, une pièce qui roule sur le même double sens que celle-ci (*Ballade d'une hacquenée*).

[2] Le roussin, à cette époque, est un cheval de force.

Je croy qu'elle faira piez neufs[3]
8 S'elle n'est bien contregardée.

Elle est grisonne pomellée,
Et sy va doulx comme ung haubin[4] ;
Quant on la chevauche au matin,
12 Elle en vault myeulx toute ajournée.

A chevaucher elle est aisée,
Et sy va bien mignotement;
Ung peu ouverte par devant,
16 Disent ceulx qui l'ont chevauchée.

CXLII

En baisant m'amye   j'ay cueilly la fleur.

M'amye est tant belle,   si bonne façon.
3 En baisant m'amye   j'ay cuilly la fleur.

Blanche comme neige,   droite comme ung jon ;
5 En baisant m'amye   j'ay cuilly la fleur.

La bouche vermeille,   la fouce au manton ;
7 En baisant m'amye   j'ai cuilly la fleur.

La cuisse bien faicte,   le tetin bien ront ;
9 En baisant m'amye   j'ai cuilly la fleur.

Les gens de la ville   ont dit qu'il l'auront ;
11 En baisant m'amye   j'ay cuilly la fleur.

Mais je vous asseure   qu'il en mentiront.
13 En baisant m'amye   j'ay cuilly la fleur.

[3] L'équivoque contenue dans ces vers se comprendra par la double traduction que donne Cotgrave de la locution *faire pieds neufs* : « A woman to be delivered ; a horse to cast his hoofes. »

[4] Petit cheval d'allure très-douce ; voy. Littré aux mots *aubin* et *hobin*. La forme *haubin* se retrouve dans Marot, II, 247, où M. d'Héricault traduit à tort par « cotte ».

CXLIII[1]

Gentil duc de Lorainne,   prince de grant renon,
Tu as la renommée   jusques dela les mons,
Et toy et tes gens d'armes   et tous tes compaignons.
Du premier coup qu'il frappe   abatit les danjons[2];
Tirez, tirez, bonbardes,   serpentines, canons.
«Nous suymes gentilzhommes: prenez nous a rançon.»
« Vous mentés par la gorge,   vous n'estes que larons,
Et violeurs de femmes,   et bruleurs de maisons :
Vous en aurez la corde   par dessoubz le manton,
Et sy orrez matines   au chant des oysoillons,
11 Et sy orrez la messe   que les corbins diront[3]. »

CXLIII. — [1] Il s'agit dans cette belle chanson de René de Vaudemont, mais je ne sais à quel événement elle se rapporte.
[2] Ce mot, incompréhensible et altéré, contient peut-être le nom du château pris par le duc de Lorraine.
[3] Locutions populaires pour exprimer un même sens : « vous serez pendus. » — *Les corbins*, les corbeaux.

VARIANTES

SIGLES EMPLOYÉES POUR LES VARIANTES

A   Ms. de la Bibl. Nat. fr. 12744 (anc. Suppl. fr. 169).
B   Ms. de Bayeux (B. Nat. fr. 9346), cité d'après l'édition de M. Gasté, *Chansons normandes du quinzième siècle*, Caen, 1869.
V   Ms. de Vire, appartenant à M. Le Pelletier, à Vire, cité d'après l'édition de M. Gasté.
M   Ms. de la B. Nat. fr. 1597, contenant des chansons en musique.
L   Recueil Lotrian de 1543.
P^c *Seize chansons nouuelles* (s. d., mais passé 1526); réimpression Percheron.
P^d *Huit chansons nouuelles* (1542); réimpression Percheron.
R^a *Chansons nouuellement composees* (1548); réimpression Baillieu.
R^b *Sensuyuent VIII belles chansons nouuelles* (s. d.); réimpression Baillieu.
R^f *Sensuyuent dixsept belles chansons nouuelles* (s. d.); réimpression Baillieu,
T   Chansons publiées par Leroy et Ballard, *tenor;* voy. p. 25, note.
C^{31} *Trente et une chansons* (1529); recueil Attaingnant.
C^{37} *Trente sept chansons;* recueil Attaingnant.
C^{42} *Quarante deux chansons;* recueil Attaingnant.

LEÇONS REJETÉES ET VARIANTES

I

F° 1 r°   B 64
3 A belle, B *om.* est *et* et — 6 B Qui soit en rouen pour vray — 11 *manque* B — 13 A me, B mes brebiettes — 14 A lerberte, B Aux champs paistre — 18-27 *manquent* B — 19 Pour nous r. — 23 que y

II

F° 1 v°   *Première strophe dans* M, f° LII
2 M vous — 3 M Par dieu jay — 5 M Car damer par amours Je nen scay point le tour — 6 deuiendroit — 7 Q. na moutons a g. — 8 Belle si a. — 11 nauez vous mamye — 20 et *manque* — 21 se s.

III

F° II v°
1 Gentille — 6 a v. m. — 12 aussi — 16 Quil vous vous semble — 18 de la contree

IV

F° III r°
Cette pièce n'est pas divisée en strophes régulières ; aussi la musique est-elle donnée pour la chanson tout entière — 5 malloye — 12 elle moctroye

V

F° III v°

6-7 A un vueillart b. h. maudit soit la jornee que o. — 13 Et q. — 16 ilz — 18 je men suis

VI

F° IV v°

7 aneaulx — 17 escondu — 23 bouquet — 25 gente bergere — 27 fiere

VII

F° V v°

8, 16, 24 ordonarequi — 12 s. cest a. — 14 toust — 15 Lors me f. — 21 noz besongnes — 25 A. je nen

VIII

F° VI v°

24 Cest moys etc. — 26 Et *manque* — 30 Cest moys etc. 33 A. en est ce — 34 Du — 36 Ce moys etc. — 39 q. je v. — 42 Cest moys etc

IX

F° VII v°   B 100 (*v*. 1-8)   M f° XXXIV (*v*. 1-8)   L f° LXI r° (*v*. 1-16)

1 B L M En [B A, L Cest a] lombre dung buissonnet — 2 B Tout le long M Tout au long L Sur le bort — 3 L M marguet B Trouuay robin le f. — 4 M tenoit, B LM sa dame — 5 A L telle, B Luy disant L En luy disant M El me dist — 6 L dung c. — 7 B L respondit — 8 L Et Robinet c., M Et comme lentendes vous Robin je nay cure de vous — 10 L Cest que vous — 11 L chappeau — 13 L ch. je v. — 15 *manque* L — 16 L Et robinet c. — 17 C. vous p. — 18 Que vous ayez

X

F° VIII v°   B 33   V 20 (*ce texte a neuf strophes et diffère beaucoup*)

1 A v. faulx enuyeulx B v. ces enuieux — 2-4 *manquent* V — 2 B Tristresse, veuillez — 5 A B mourront — 6 V cercher — 7 A B my ouster, V Pour, B la mienne s. V de mamye

s. — 8 V jaymerais mieulx la mort en endurer, B la m. a recouurer — 9 A B Elle, V promis — 10 V de ce q. desirois — 12 V Vostre seray jusqua fin de mes jours — 13-20 *manquent* A B.

XI.

F° ix r°   L f° v r° (*v*. 1-10 ; *suite tout autre*)
1-2 *manquent* L — 4 A Vit en tristesse — 5 L ne nuict ne jour — 6 L Car — 7 L Ce sont a., A Ella la puce en loreille — 8 A Qui la g. — 9 L dict elle — 9-10 A A qui direlle sa pencee etc. (*de même* 17-18, 25-26) — 11 Il en y a b. — 24 v. en tel

XII

F° ix v°   *Les six premiers vers dans la farce de Calbain.* p. 144
1 A Bergeronnette — 2 A garde ses m., *Calb*. gardez les m. aux boys — 3 *Calb*. Voulez vous estre ma mignonne — 4 A donneray ung, *Calb*. Et je vous donray des soulliers — 5 A Je te donneray etc. *Calb*. Et je vous donray des soulliers — 6 A petin — 9 prochaine — 13 mon vouloir etc. — 14 P. f. ne pour b. — 16 nom

XIII

F° x r°
2 *Le texte répété au dessous de la musique a* lui — 11 r. de ce m. c. — 12 Qui na

XIV

F° x v°
1 je a. — 12 oppression — 13 Lequel — 17 souloys — 18 Auecques ses — 21 desormais — 25 bon *manque*.

XV

F° xi v°
1 ses — 5 Mais j. a le q. — 7 Ou m. a. se fait — 29 ses — 36 je *manque*.

XVI

F° xii v°   B 35
3 A Car il — *Après le v. 4 B intercale une strophe* — 6 A Tout a lentour — 7 A Et je vy la mienne amye B Je trouuay — 8 A Qui parloit — 9-36 *sont remplacés dans B par un seul couplet* — 9 qui luy disoit — 11 Dont jeu le c. — 14 aduiser —

15 regarde — 16 et de se m. — 17 Et tout l. c. je e. — 19 Jen eu l. — 21 le r. — 22 Je men e. — 24 Et bien m. — 25 Moy a. — 26 Et d. — 27 v. james n. — 28 f. toute m. — 29 b. de m. d. — 30 t. son o. — 32 que u. — 33 Et a. — 35 Tout a p. — 36 Dessoubz

XVII

F° XIII v°

1 saulle — 10 Et *manque*

XVIII

F° XIV r°

XIX

F° XV r° B 30 V 6

1 *Après ce vers et après le v. 4 B ajoute* Et hoye — 2 B my, A donner — 3 A Car vous s. q., A loyaulment V nullement — 5 A Je suis en ung terrible esmoy — 6 B fleur, V dame bien vous l. — 7 A Sy vous ames aultre que moy — 8 V Je vous supply sy me chassez — 9 V vye — 10 A Sil — 11 V Depuis le jour p. — A Vous vous a., V Que mac. destre mamye — 13 B dune nuye — 14 A a m. — 15 B Pencez je ne my couchai mye, V Pour desmener joye et deduict — 16 B Ni V Ou — 17-20 V *remplace cette strophe par une autre* — 21-22 B Aduis mestoit par mon serment Quentré mes bras je vous tenoye

XX

F° XV v° L XCI v° (*le premier et le cinquième couplets seuls semblables*)

1 L qui a fait n. — 4 A vient le d. — 6 L puisque menuoys — 13 Se on s. v. u. m. d. — 16, 24, 32, 40 Je ne vous etc. — 30 nous *manque* — 33 A *om.* Les — 35 A *om.* c'est, L Ilz ont dict vray la — 37-39 L Onc homme ne fut si hideux En tous ses dicts et tous ses faitz Au fort je reviendray souuent — 45 tous les effectz — 46 tous *manque*

XXI

F° XVI v°

1 *interverti avec* 4 — 3 Faisons la faison — 6 Faisons bonne chere *seulement* — 7 A mon aduis etc. — 9 Faisons etc. — 10 Et la monte etc — 12 Faisons etc — 12 Faisons etc — 13 Je mis la main etc — 15 Faisons *seulement* — 16 Hellas dit elle *seulement* — 18 Faisons la etc — 19 Je vieulx savoir *seulement* — 21 Faisons la etc — 22 Pucelle ou non *seulement* — 24 Faisons la etc. — 25 Sy vous etc

XXII

Fol. xvii r° *Les v. 1-6 dans T (voy. la note); les v. 5-8 dans* C³¹, f° 14

6 C T Je — 7 T Men y., C Men y. jouer s. au joly bocquet, A auecques — 8 A Querir la v., C mon amy et moy

XXIII

F° xvii v° P° (*v. 1-4*) R³ R⁶ (*ces deux textes diffèrent trop pour être comparés avec suite*)

1 A Hellas je me r. — 3 A vous ne vousistes rien, P R⁶ vous ne luy fistes, R³ vous ne my feistes — 4 R⁶ fust, P sa p. — 5 A femme — 8 A maulaise — 16 A qui ma sa f. — 19 A Et c. perpetuellement — 25 R⁶ follie R³ Impossible est — 26 R de tant aymer chose qui — 27 R⁶ apres l'autre r. — R³ Quant lung sen va subit a lautre revient

XXIV

F° xviii v°

13 Elle — 16 reuenu — 22 recouurer — 30 Jamais compte nen sera fait — 31 En lieu ou soyez congnue — 32 *et* 31 *intervertis.*

XXV

F° xix v°

4 doulleurs — 5 telle — 11 corps — 18 James en f.

XXVI

F° 20 r°

16 est] en

XXVII

F° xx v° B 17 V 10 M f° lxxii (*les 3 premières strophes*) L f° lxxvii v°

2 AB En un M En un sy, L petit — 3 L cr. lauende — 4 fait *manque* V — 5 VA Le, est moult bien pl., M jardinet est si, B Mon jardinet est si — 6 VL Qui B Et g., M Et si remply — 7-8 M Quant il veult aymer par amours — 7 A Et est garde de deux amans BV Et si est garde dun amant — 8 A Nen doubtez point et nuyt et L Par ma foy la nuit et le — 9 *A partir d'ici* V *diverge presque absolument.* — 10 A

Que du d., L du gentil, M Que le chant du — 11 A au s. et au m. B Qui ch. cler au m. M Lequel si ch. au m. — 13 B le, A flourir BL cueillant — 14 B En ung vert pre la violette — 15 BL Et me [L Elle my] sembla si [L bien] aduenant — 16 B Et de beaulte si tres parfaicte, L Et voulentiers my amusay — 19 A Plus douce estoit que a. — 20 L Vermeille c. la rose

XXVIII

F° xxi r°

5 malbouche — 8 elle — 9 elle — 14 dont en tient on parlemement — 15 fusse, proche — 19 je aure

XXIX

F° xxi v°

2 Loree la forest dung b. — 4 que o. — 5 enraisonnee — 9 la r. — 11 g. bee — 22 Tanderello — 35 aultre — 37 voustre — 43 noseroy — 30 Tanderello

XXX

F° xxii v°

6 je ouuray — 8-9 Trop pencer etc — 9 se — 12 Toute nuyt, elle — 14 Trop penser etc — 20 Trop pencer etc

XXXI

F° xxiii r°   L f° lxvii r°

1 L Mourir puissent — 2 L charger damours — 4 A Ont dit — 6 trop *manque* L — 7 L Tres — 8 L daymer — 9-12 *couplet différent dans* L — 14 M. je n. — 16 L ce que je d. — 18 L Qui vouldroit celer et g. — 19 L Lhonneur des femmes sans faulcer — 20 L En tous lieux qui sont dangereux

XXXII

F° xxiii v°

5 ja *manque* — 9 Mais du tout jen e. — 10 Car *manque* — 11 ja *manque* — 12 tant *manque* — 13 tout *manque* — 14 me *manque* — 15 si *manque* — 17 au

XXXIII

F° xxiv r°   B 32   V 4

3 A en, B Je lay aymee de tout mon cueur — 4 A Ay ma j.

p. B Ma j. est p. — 5 B follye — 6 B Dy mectre sa V Mettre plus ma — 7 B Quant el ma dict en plorant V Puisquelle a faict amy ailleurs — 8 B Nos amours sont finees A Vostre a. est ja f. V De moy sest esloingnee — 9 B *n'a plus que deux strophes qui se retrouvent dans V mais non dans A* — 9 V Je me suys mis a p. — 10 V je luy ay — 11 V Mais nen ay peu aperceuoir — 12 A Ne le v., V Aussi ne vouldrois lauoir — 13 V De bien faire il en vient mesfaict — 15 V l. de tout bien faict — 17-24 *Cette strophe manque dans* BV *et provient sans doute d'une autre chanson* — 21 m. douleur amer

XXXIV

F° xxiv v° B 37

1 B pic de m. *Après les v. 1 et 4 B ajoute le refrain* Et hye — 2 A vigueur — 3 A bonheur — 7 A my fault combatre — 9 A braie — 11 B Le petit bret et nuict et — 13-20 *manquent* A — 16 Et

XXXV

F° xxv r° B 93

3 A my — 4 A c. il men est pris B c. il men print *Entre* 4 *et* 5 B *intercale* 8 *vers* — 5 B Une pie si vint — 6 B Qui ne me cessoit dagacher — 7 B Et dautre part y vint ung gay — 8 B Sembloit quilz me d. — 9 B furent — 10 B Q. resueillerent les voisins — 11 B Chascun crioit — 13 B Je retournay sus le — 14 A *om.* luy, B que queres — 15 B Ha dieu — 16 B o rien — 18 B il s.

XXXVI

F° xxv v°

11 Vous auez le c. de m. t. — 12 Celluy qui onc v. v. — 16 mist

XXXVII.

F° xxvi r°

4 Onc. — 10 nauoie — 11 se a. — 15 de *manque* — 16 que dr., haye — 19 que gardez bien

XXXVIII

F° xxvi v° B 7 V 17 L f° lxxviii v°

1 A B Souvent je m. — 2 A Et vit — 3 L qui, B que jen ay — 4 B Cest de la b., V Dune fame — 5 B El mauoit baille et promise sa f., V Promis mauoit et asseure sa f. — 6 BVL

Quel [L Quelle] maymeroit dessus [BL pardessus] t. — 7 A
Auecques elle L Auec elle, jay trouue, V un homme japercois.
— 8 B Lequel s. pl. prenoit, V Qui de son corps jouit paisible-
ment — 9-12 *manquent* V — 9 B Oncqz a nul j., L Oncques
jamais — 10 B De moy aymer, A faisoit — 11 A L quelle,
B quel auoit, A esperance — 12 V Destre mamye maiz elle
ma f. — 13-20 *manquent* B V L — 13 James ne leusse creu
— 14 Jusqua maintenant — 15 grant *manque* — 17 De leur
faulx s. — 18 ce *manque* — 21-24, 25-28 V *intervertit ces deux
strophes* — 21 B Pas neusse cuide voir n. d., V Aduis mestoit certes n. d. — 22 B Que pour nul rien meust voulu d.,
V Quaultre que moy nauroit voullu aymer — 23 A B prins,
B grande — 24 B a lui tout s., V Qui pence fame pour luy
tout seulement, L f. p. luy seul a. — 25 A V delle,' B De leurs
faulces a., V De ces a. et — 26 V Veu que daymer elle a seule
semblance — 28 L elles, V Un chascun dit quels sont t.

XXXIX

F° xxvii v° Les 4 premiers vers dans la farce de *Calbain*,
et dans la *Comédie des Chansons*

1 A Auez (*Calb.* Auous, *Ch.* N'a vous) — 2 A amenee
(*Calb. Ch.* emmenee) — 3 l' *manque* A (*se trouve dans Calb.
Ch.*) — 8 ver — 10 Vous en v. vous

XL

F° xxviii r°
4 oublie — 8 maiez — 12 je *manque* — 15 couche

XLI

F° xxviii v° B 52 L f° lxvi v°

3 B Quant le jeu damer si aprend — 4 B A ce p. — 6 B Et
plus v. est, L Et plus v. la c. — 7 B la r., AL sandal B chandal
— 9 L pendus en, B Le roussignol y est qui chante — 10
A prent, B Et y prent s. — 11 B A ce p., A se — 12 B cueiller
— 13 A Le faulx j. si est au pye, L Mais le jaloux si est dessoubz — 14 A L Qui cr., L *om.* ung — 15 A L Et sy ma dict
— 17 L marchez

XLII

F° xxviii r° B 36 *bis* V 15 L f° lxiv v°

1 A reueiller, L je la voy V je la vy — 3-4 *intervertis*

dans A — 4 A Et je nouse ch. — 5 V L ne — 7 V Car, B V sus — 9 A B V L Et la bl. — 10 L Ch. son bl. — 11 A Tous L Et tout — 12 A s. m. y. p., L Nullement V Joyeusement, B Sans a nul m. y p. — 14 A V jeu — 16 V *om.* je — 17 L Vray amoureulx, B V Vrays amoureux, A B V L s. plus t. — 18 A Oustez, V L Jettez moy hors de pr. — 19 B L me, V my — B *et* V *ajoutent l'un une, l'autre deux strophes contre les* collectours, *tout à fait étrangères à la chanson.*

XLIII

F° xxix v°
5 de a. — 9 cest — 10 bien *manque.*

XLIV.

F° xxx r°   B 39   L f° lxxix v° (*après la première strophe les variantes sont trop fortes*)

1 L espine — 2 A my vint ung, B soudenement — 3 B Une — 5-6 A De laler veoir me prent enuie La belle au c. g., B ma pensee est en verite Et mon voulloir atalente Daller v. l. b. au cler vis — 7 B Maiz je crains trop la grant fierte — 8 B De ces faulx jalloux ennemis — *Avant* 9, B *ajoute une strophe* — 9 B se je

XLV

F° xxx v°   B 40   L f° lxx v°

2 BL belle — 3 B L et m. — 4 A Jauray gibbier, B Je liray veoir car cest droict et raison — 6 B j. en s. e., L les faulx j. s. tous e. — 7 A Sy je les trouue mi en allant L Silz me demandent que je quier nullement — 8 A les — 9 A quiers, L vis — 10 A qui a m. c. en son bandon L par qui je suis joyeux et gay L *n'a plus que deux vers, différents* — 11 B s. mectray c. — 12 B Et a tousiours car cest — 13-16 B *a une strophe différente* — 15 A jouys — 17 A Je le congnois a bien peu quil, A qui — 18 A Toutes les foys que voys en sa m. — 19 A Il est marry par si felon couraige — 20 A Quil nest viuant qui luy feist garison

XLVI

F° xxxi r°
13 je y eu — 16 Car aultre

XLVII

F° xxxi v°

2 Souffrer — 8 En esperance — 11 Sy a v. a. — 12 que a. — 15 Que impossible fust — 39 Gardez

XLVIII

F° xxxiii r°   B 95   L lxxviii f° v°

1 B L Plaisante — 3 B Dictes moy tost et vous aduises, L Vistement et vous aduises — 4 L ne — 5 L longuement — 7 B Je vous requiers belle au corps gent — 8 B le, L Confortez moy sil — 9 A L *om.* Car — 10 L *om.* le — 11 B En verite v. airies, L *om.* vous — 12 B De moy pitie, A nen doubtez mie — 13 L Madame pr. — 14 L *om* je, A Tout ce q. v. d. — 15 A requies, L Si v. — 16 L Si jay failly pardonnez moy — 17 B plaide L jay plaide — 19 A si a. vous menuoyez B si ainsi L se ainsy men enuoyez — 21-28 *manquent* B — 21 L Doulx amy — 22 L Ainsi — 23 L s. que dung t. — 24 A scelle L Que len le c. trop a p. — 25 A je d. — 28 L je vous mercie

XLIX

F° xxxiii v°

L

F° xxxiv v°

2 sur — 8 aignelets — 17 fleur — 18 Que on a.

LI

F° xxxv r°

3 quelles — 5 quelle maymot — 9 Sil — 10 elle — 12 Son amour

LII

F° xxx v°   *Les v. 1-8 dans* M, f° xxxv

2 M my — 3 A des, M Jy ay s. — 4 M sont — 5 Car *manque* A — 6 A Que a. — 8 M Si c. pr. — 9 Je a. — 11 elle — 14 Car jay tr. — 15 congie d. — 19 se m. — 20 je *manque* — 29 que auant

LIII

F° xxxvi v°

2 Qui f. — 8, 10 A son amy p. — 20, 22 v. que vous —

35-36 Que mauldit soit le lignaige Et cellui pareillement —
39, 41, Qui en a f.

LIV

F° xxxvii v° B 21 C³⁷, f° 14, *contient la première strophe,
mais en la transformant ainsi :* Reconfortez le petit cueur de
moy Qui nuit et jour Sans nul sejour Ne my fait que languir ;
De brief mourray Sy de vous nay La belle reconfort ; Plus
ny songez : Naure mauez Dun dart dont je suis mort

Après le v. 1 B *aj.* hauuoy — 3 A confort — 5-8 *remplacés
dans* B *par une strophe tout autre* — 8 De le faire

LV

F° xxxviii r° B 19
2 B comme — 3 A *om.* car, B Vostre amour belle que jay
tant desiree — 4 B Cest tous les jours — 5 B Mon bel amy
trop b. — 6 B *om.* vous, A dy r. B de r. — 7 B Ne venez plus
ainsy my — B le fils dieu vous pouruoye — 9-16 *manquent* B
— 14 vueil — 15 Se

LVI

F° xxxviii r° B 38 L f° lxx v°
1 B olliuier basselin — 2 B Norron point — 6 B Et les
bons compaignons hanter — 8 B saint lo, A contantin — 9 B
moult belle, L En une belle compaignie — 10 L Oncques mais
ny vy p. Helas. Oli. — 12 L Es c. — 14 L le s. — 17 A malfin ;
Après ce vers B *aj. :* Dieu le pere si les mauldye, L *reprend le
refrain,* Helas. Oli., *puis ajoute les vers suivants :* Basselin
faisoit ses chansons, Cestoit le maistre pour bien dire ; Il hanta
tant les compagnons Quil ne luy demoura que frire ; Car fust
de sidre ou fust de vin, Il en beuuoit jusqua la lye Et puis re-
uenoit au matin. Helas. Oli.

LVII

F° xxxix r°
3-4. Dont jay eu si grant joie Hellas je les garderay tan —
12 telle

LVIII

F° xxxix v° B 88
1 A Laultre jour, suprins — 2 A Dun faulx villain — 4 A Pour,
B au trauers des — 5-8 *manquent* B — 6 sy en — 7 je y —
9-16 *manquent* A — 9 Elle — 11 grande

LIX

F° XL r° B 24

1 A B vostre — 2 B beaulx y. que voir je soulloye — 3 B en a. joye — 4 B le c. — 5-12 *remplacés dans B par deux strophes tout à fait différentes*

LX

F° XL v°

15 neseroye — 17 vans — 21 j. je n. — 22 Sy v. amour n. — 26 Puis que mamour

LXI

F° XLII r°

3 demandray — 10 Une partie

LXII

F° XLII v°

14 il se fera — 20 longuement

LXIII

F° XLIII r° B 79 L f° LXXIX r° M f° L

1 A Le m. — 2 L Je ay ouy ch. une p. — 3 B je men vins L men allay — 4 L En disant dieu v. g. — 5 M damer — 6 L *om.* Et, M desire tant — 7 A f. il a v. d. q. p., M Si fait il — 8 A v. empris, L Vous v. a. je v. prie — 9 A c. ung. l. a. — 11 B que je desire tant — 12 L Oncques, my s., B M Jamais, B tant b. — 13-16 *manquent* B M, *tout à fait autres* L — 14 A Car v. a. — *Après* 16 L *aj. une strophe.*

LXIV

F° XLIII v° B 20

5 A fut — 6 n' *manque* A — 7-8 A et je la tenisse embrassee Bien fort entre mes bras — 8 B Nu — 9-12 *manquent* B, *qui remplace ce refrain par le suivant, parodié du nôtre* : Compain (*ms.* compoins), que feras tu? El na plus de quibus; Cest une rabat joye, Et qui pire est plus viure ne pourroye — 11 et tout t. — B *ajoute deux autres strophes, avec le même refrain, mais elles n'ont aucun lien avec celles-ci.*

LXV

F° XLIV r°   B 31   V 14   L f° LXV v°

1 L V Plaisante fleur — 2 V a p. et d. L a la p. et d. — 3 V pl. donner ce que d. L pl. que ce que je d. — 4 V Belle cest vostre cueur — 5 V Car sans celuy — 6 B Destre amoureux et l. c. gent, V E. joyeux je vous jure ma foy — 7 *manque* B, V L s. belle tresh. — 8 *manque* B, L pitie, A Dame dhonneur ayez m. — 9 L B Ou a. hellas — 10 B V L Quen m. v., A il ny a p., L na p., V L secours — 11 L V my lesrez vous, B Vrays amoureux my lesrez vous — 12 L Que jay serui V Que je seruis l., B Quant jay serui la belle — 13-20 *manquent* B — 14 L destre en grant joye —15 V vos e. L ces e.—16 V Lamour, que je v. a. donnee — 17 L V et v. jure — 18 V ne s. mon s. — 20 V v. s. de ma vye chascun

LXVI

F° XLIV v°

5 parest — 8 Sy vous

LXVII

F° XLV r°   B 28   L f° LXIV r°

1 L v. ung p. — 2 L Le — 4 L *om.* souvent — 4 B *intercale* hauuoy *entre* moy *et* s'en, B resiouit — 5 L cestoit, B Cest le petit oysellonnet — 6 B Qui chante au v. — — 6 L B Qui en s. j. ch. disoit — 8 L Or sus amans — 9-16 B *remplace ces vers par deux strophes tout autres et également incohérentes; la seconde est intercalée ici dans* L — 9 L doulx — 10 L Que vous men d. — 11 L est tout vray — 12 L sil — 13 A *om.* bon — 15 L Mais gardez vous de mesprison — 16 A lauez en pour, L Car les jaloux nous guerroyent durement

LXVIII

F° XLV v°   B 3   V 5

1 B A la d. — 3 A nul ny p., V on — 4 A vueil quelle V veuille quelle B doint quelle, B apaisie V abollye *Après ce vers* V *ajoute :* En la duche de normendye — 5 V on — 7 A Q. de m. — 8 B il ny a, V dagrement — 9 V crainte A cours, — 10 V si s. — 11-30 *manquent* A — 11 *Après ce vers* V *ajoute :* En la duche de normendye — 13 B Et — 14 V que on — 15 B Je v. en prie — 18 B Se je pensoye auoir — 19 B Mais sur ma foy tous m. — 20 V domoy — 21 *Après ce vers* V *aj. :* En

la duche de normendye — 25 V En la duche de normendye — 27-36 *tout à fait différents dans* V — 31 B Se — 33 B mectrion — 34-36 A Car james ne veult que len rie Elle a sur moy grant seigneurie Je la treuve en chascun buisson

LXIX.

F⁰ XLVI r⁰   C⁴² f⁰ 12, *donne ainsi la première strophe* : On a mal dit de mon amy Dont jay le cueur triste et marry Mais quen ont il affaire Ou sil est beau ou sil est lait Puisquil est bien a mon plaisir.

3 Mais quont il — 6 ne vault rien — 15 bien *manque* — 18 Puisque lon en a

LXX

F⁰ XLVI v⁰   *cf.* B 94 *pour la première strophe*·

10 jour mesdieux o. — 11 me *manque* — 13 La gracieuse — 14 Je ouy — 15 Qui nest h. si prest — 17 moult *manque*.

LXXI

F⁰ XLVII r⁰   *Les vers* 1-7 *dans* M, f⁰ LVII

1 lordault *manque* M — 3-5 *manquent* M — 3 garde que tu feras *seulement*; 5, 7, 9, 11, 13, 15, 17, 19 Lourdault *seulement* — 4 elle — 6 M jalouz tu en seras — 7 M *répète quatre fois* garde que tu feras *et s'arrête là* — 14 elle, y la t. — 18 Encore

LXXII

F⁰ XLVII v⁰   L f⁰ XCVIII r⁰

3 L Que ne voy — L *déplace toutes les strophes à partir de la seconde et intercale sept vers* — 5 L De mes dures — 6 L Tantost — 7 L Qui me sont fort cruelles — 8 L La raison vous diray — 9 L Car de — 10 L Pour me — 11 Je ne scauroys — 12 L b. ne luy d. — 13 A Fors, L S. estre — 13 A Auecques — 16-18 *tout différents dans* L — 21 L me — 22 L Je te prie pour moy

LXXIII

F⁰ XLVIII v⁰
3 Sy ung p. — 4 foy — 16 grant *manque*

LXXIV.

F° XLIX v°   B 5

A souuent — B *intervertit l'ordre des strophes ainsi :* 13-16, 17-20, 9-12, 5-8. — 7 B Qui ma f. ch. ma c. — 8 B En verite — 9 B Qui bien fera bien trouuera — 10 A sen d., B Il ne se fault p. — 12 B Car puis apres bon t. viendra — 13 A qui vient tout — 14 B Si ne peut pas tousiours d. — 15 A Mais f. — 16 A Lon sen pourroit bien — 17 A On d. que trop hastif — 18 B Payne et doulleur nous fault souffrir — 20 A Se ay je B Si ay je — 21-28 *manquent dans* B.

LXXV

F° L v°

9-10 Las que feray desolee *seulement* — 16 Las que feray je desolee etc — 17 p. aux doulx m. — 22 Que je — 23-24 Las que feray je etc — 27 ses — 29 Je o. — 33-34 Las que feray je etc — 35 malheurte — 41-42 Las que feray je etc

LXXVI.

F° LII r°

6 noz — 12 que a m. — 13 Se — 18 que aux

LXXVII

F° LII v°   L 82 v°

1 A faulcement — 8 L *aj.* Cest simplement donne conge — 10 L te v. — 11 L Tu ne scez pas ton nez moucher — 12 L Je croy quil ten fault retourner Cest simplement donne conge — 13-24 *remplacés dans* L *par une strophe tout autre* — 16 recouera — 19 qui — 20 recouure — 24 Et qu'il sen v.

LXXVIII.

F° LIII v°

15 Que auez v. — 3 S. en rien

LXXIX

F° LIV v°

11 quelle — 17. derrenier — 18 quoy que lon

LXXX

F° LV r°   V 1

2 A saillant — 4 V A. mestoit quel disoit en son chant — 5 V M. doulx a. — 6 A ce que desirez tant — 7 A Je men party du lieu s., V l. t. et appertement — 8 A tout droit sans arrester — 9 A Ou propre lieu — *A partir du v. 9 A diffère complétement de V, qui paraît avoir mieux conservé la leçon primitive* — 12 A Quelle mayt voulu donner sa mour

LXXXI

F° LV v°

2 de *manque* — 4 Aymez etc — 5 Trois jeunes etc — 7 Aymez etc — 8 Troys jeunes etc — 10 Aymez moy etc — 11 Je choisy etc — 13 Aymez etc — 14 Mon pere est etc — 16 Aymez etc — *Les six premiers mots du v. 15 sont encore répétés.*

LXXXII

F° LVI r°

11 Je y — 18 Mais — 27 que a. — 8, 15, 29 Adieu pour etc — 22 Adieu etc

LXXXIII

F° LVI v°
6 secoure

LXXXIV

F° LVII r°
8 Elle et m. — 12 que au

LXXXV

F° LVII v°
8 neust — 9 trespetitz — 18 empire

LXXXVI

F° LVIII r°   B 63

3 A B Elle — *Après la 1re str. B ajoute un refrain* — 5 B Bon gre en aict il sainct jame — 6 A Luy en f. il rendre r., B Et luy en f. il retour — 8 A Sy je luy ay donne m., B Je luy ay donne m. — 9 B Par dieu je la changeray — 11 A B Puis

quel ma [A quelle a] demande p. — 12 A De largent quauion
e. — 13-16 *manquent* B.

LXXXVII

F° LVIII v°

14, 21, 28, 35, 42 Puisquil etc — 15 Regarder — 17 Et
manque — 39 Que aultre — 45 Et *manque* — 46 je *manque*

LXXXVIII

F° LIX v°

6 haultes — 7, 8 *ces deux vers sont répétés deux fois.*

LXXXIX

F° LX r°

8 de y — 12 Qui nest p. a. a qui

XC

F° LX v°

7 quelle

XCI

F° LXI r°

20 porter

XCII

F° LXI v°

24 deur

XCIII

F° LXII r°

14 reduye — 37 voz

XCIV

F° LXII v°

13 quelle — 17 O *manque.*

XCV

F° LXIII r°

12 Ce nest pas s. — 14 pourroye — 15-16 Morte suis sy
je ne lay etc — 18 Que ma — 23-23 Morte suis sy je ne lay etc

XCVI

F° LXIII v°

3 ensaffrouat — 5 se a. — 9 a digna

XCVII

F° LXIII v°
3 i le

XCVIII

F° LXIV v°
10 affectereaux — 12 Pour dieu ne dictes pas etc — 14 aymez — 16, 28 Pour dieu ne dictes etc — 20, 24, 32, 40 Pour dieu ne dictes pas etc — 26 destre mon v. — 27 ma h. — 34 platz

XCIX

F° LXV v°
17 Le mas en est diuieze — 32 *La fin du vers manque.*

C

F° LXVI r°
2 que au — 6 cens

CI

F° LXVII v°
11 n. f. il tous m. — 13 L. t. y a quauons — 26 Car

CII

F° LXVII v°
1 Peust — 14 en a. — 22 ay *manque* — 70 tresgrant — 76 telle — 84 y — 87 manye — 96 De tout — 97 v. s. bien — 99-100 Cest de vous bien a. Plus que cr. n. — 101-102 Car p. v. ay endure Des des m. ung

CIII

F° LXX v°   *Les v. 1-3 dans* M, f° xv
3 A souuent va lembleure M sault en rue — 4 Qui belles amours a etc — 8, 12 Qui belles etc

CIV

F° LXX v°
6 Ladinderindin *seulement* — 9, 18 Ladind *seulement* — 12 Lad *seulement* — 15 Ladin *seulement*

CV

F° LXXI v°

3 dangereulx — 5 Ny renuoyez plus etc — 9 Ny renuoiez etc — 13 Ny renuoyez etc — 17 Ny renuoyez etc — 19 monttrez

CVI

F° LXXI v°

9 Et amy amy se l. — 11 le *manque* — 15 Reconforter

CVII

F° LXXII r°

13 nul *manque* — 15 Sy elle — 16 que je r. — 17 soit — 20 je s.

CVIII

F° LXXII v°

7 ayme — 9 me *manque* — 19 Que est — 20 qui — 24 seguee — 29 vous *manque* — 31 Rendray

CIX

F° LXXIII v°   B 12   T f° 19

1 A T Il fait bon, T loysillon. — 3 A comme qui soit, T au vert buysson — 4 T Tandis que — 6 T sur ma f. — 7 T mainte gens — 9 T Quil, A rousillolet — 10 B Qui — 11 T A b. ch. en quelque part quil soit, A A ch. de son chant parfait — 12 T Ainsi est — 13-20 *manquent* T — 13 B soubz le h. — 14 A Il ne demande que ces e. — 15 B se siet d. — 16 A Qui luy tire ung mattras, B p. l. t. son mathelas — 17 B qui faisoit le guet — 19 A Or ne tauoit il rien m. — *Après le v.* 20 A *ajoute encore quatre strophes, qu'on trouvera aux* Additions et Corrections.

CX

F° LXXIV v°

2 se mandieulx — 12 soyt — 19 que a. — 23 je *manque*.

CXI

F° LXXV v°   L f° XCVI r°   *Les vers 1-8 dans* M, f° LXX

2 M En despit de — 3 M L Pour — 5 M Et m., L O m. a. o mon amy — 7 M L my, M ainsi — 8 L Jen, M L deuant —

9-16 *manquent* L — 17 L Quant jestois c. — 18 L *aj.* de — 19 L Je nestoye pas fachee — 20 L Comme je suis aujourduy — 21 L O m.— 22 L En despit de mon mary — 23-24 *manquent* L — 25-40 *remplacés dans* L *par cette strophe* : Jay este mainte nuictee Couchee avec mon amy Que lon me cuidoit couchee En mon lit auecques mon mary. O mon amy En despit de mon mary — 26 Penser — 27 Car celle est m. — 36 coinct

CXII

F° LXXVI v°

12 A qui jay mamour donnee — 14 Je meurs etc — 17 p. nen trouuay — 22 alleee — 23 Je meurs etc. — 32 Je meurs etc.

CXIII

F° LXXVII v°

10 au roy des roys — 11 Qui l. — 14 Il en dient plus quil

CXIV

F° LXXVIII r°

2 a qui — 3 natendoye — 10 Que ay — 11 p. moy que me faiz telle

CXV

F° LXXVIII v°

7 *Les paroles mises sous la musique portent* Recullez — 11 recuillye (*mus.* recuillie), nous (*mus. sic*) — 18 Recullez vous etc — 24 Releura — 25 qui a este banny — Recullez vous etc.

CXVI

F° LXXIX r°

3 chappelletz — 8 je *manque* — 10 filz — 11 c. bon et chere — 13 C. de lo l. — 15-16 P. m. s. m. plus la g. Je nartay

CXVII

F° LXXIX v°

1 filles — 5 Dont jen estions etc — 8 s. pas le ch. — 9-10 Je men allay etc — 13-14 Tant lay etc — 17-18 Et je la prins etc — 21-22 Viendrez vous etc — 25-26 Il nest pas etc — 28 il *manque* — 40 le *manque*, que ung — 29-30 Jaymeroye etc — 33-34 Roussignolet etc — 37-38 Ne te conseille etc — 41-42 *manquent* — 45-46 Et te dira etc — — 47 ame — 49-50 Sy tu

prens — 52 que de v. — 53-54 Et te dira etc — 56 Et le p. — 57-58 On veoit etc

CXVII

F^r iiii^{xx} v°   L f° xciii v°

1 L Se — 2 L mieulx — 8 A lombart — 10 L bien fetart — 11 A couart — 13 A Et quant jay mon mary — 14 A Je nay point mon amy — 15 A Ne homme — 16 L Sil — 18 L Je s. — 19 L Quant je tiens — 20 L auecques my, A C.aupres de mon amy — 22 A Je nay aultre plaisir — 23 A Ne de jour ne de nuyt — 24 L ne fus — 25 L plaisir — 27 A couche, L Le villain se courrouce — 28 L Mais en despit de luy — 29 L Je prendray mon deduyt

CXIX

F° iiii^{xx} v°

1 josson — 2 hanre — 6 A ung villan ma donna — 7 malle, loccygne — 8 soi — 9 lorre — 10 villain il soit menda — 12 lanace — 13 villain — 15 gouariou — 16 Je — 17 Siens b. — 19 Jo o f. — 20 fient — 22 jo *manque* — 26 villain — 28 Preze — 29 soullaue anar — 32 damars — 33 fault portat — 36 soye retourne — 37 vierge — 38 Mare, pecator — 41 billain — 43 La malle mort loccigat — 44 soy lo₁j. claira

CXX

F° iiii^{xx} ii v°

6 mis h. — 7 Or est bien la chans bien t. — 11 de jaune et de gris — 15-16 Or est la chance bien etc — 23-24 Or est la chance bien etc — 25 confortez — 31-32 Or est la chanse etc — 35 ses r. — 37 mignee — 39-48 Or est la chanse bien etc — 45 venu — 47-48 Or est la chance etc

CXXI

F° iiii^{xx} xii v°

5 Qui jour et nuit cr. — 6 Et tout au l. — 12 Puisqua ung v. — 13 Mon bel amy tu s. — 14 t. y a que je tay a.

CXXII

F° iiii^{xx} iiii r°
10 seigneur

CXXIII

F° iiii^{xx} iiii v°
7 la — 23 rendu — 28 Que — 29 ma *manque* — 41 mys — 42 mesprisson

CXXIV

F° IIII^{xx}v v°
2 sur — 10 Ca — 14 *le second* grant *manque* — 19 je *manque* — 23 qui l.

CXXV

F° IIII^{xx} VII r°
15 La *manque* (*il y avait* De f.; De *a été gratté*), seruira — 21 forneufou — 32 donnera

CXXVI

F° IIII^{xx} VII v°

CXXVII

F° IIII^{xx} VIII r°
10 Tantoust — 14 joyueusement — 16 Autant en etc — 17 Sy elle — 21 Sy elle

CXXVIII

F° IIII^{xx} VIII v°
3 ses

CXXIX

F° IIII^{xx} IX r°
7 bonnetz — 8 Larges — 11 Portens

CXXX

F° IIII^{xx} IX v° *On trouve dans* M f° LXIV *le début de cette chanson ainsi conçu :* My leuay par ung matin A la fresche matinade Men entray en no jardin Pour cuillir la girofflade Helas quel est malade

5-6 Et men entray etc — 1-10 Et je trouuay etc — 13-14 Et je luy fis etc — 17-18 Et il me print etc — 19 beau *manque* — 21-22 Nenny etc — 23 Car il vault m. — 25-26 Il vault myeulx etc — 27 Car *manque* — 28 courrousee — 29-30 On change bien etc — 31 Mais non n. — 32 Jusques — 33-34 Mais on ne peut etc — 35 Et *manque* — 37-38 Encore quant etc — 41-42 Car il en fault etc — 45-46 Le chapperon etc — 49-50 Nous en iron etc — 52 les maulx mariez

CXXXI

F° IIII^{xx} x v°

6 Au verger mon pere a ung e. — 8 naporte que une fleur — 9, 13, 21, 25, 29 Hellas je pers etc — 11 qui *manque* — 23 se entre ayment

CXXXII

F° IIII^{xx} xi v°
3 moy

CXXXIII

F° IIII^{xx} xii v°
67 dedans paris

CXXXIV

F° IIII^{xx} xiii r°

9-10 Yo yo compere commere etc — 14-18 Mamye penote etc — 21 moul c. — 22-26 Mamye penote etc — 30-34 Mamye penotte *seulement*.

CXXXV

F° IIII^{xx} xiii v°
13 ma *manque* — 16 Et *manque* — 17 a. ne paruement

CXXXVI

F° IIII^{xx} xiiii r°
13-16 Dela la riuiere etc

CXXXVII

F° IIII^{xx} xiiii v°

Je donne le texte de cette pièce d'après la restitution de M. Milá y Fontanals, De la poesia heroico-popular castellana *(Barcelona, 1874), p. 309. Pour la leçon exacte du ms., voy.* Romania, *I, 363.*

CXXXVIII

F° IIII^{xx} xv r°
1 *Le second* Piccars *manque, mais se retrouve dans le texte*

écrit au-dessous de la musique — 11 qui les v. — 12 luy manque.

CXXXIX

F° IIII^{xx} XV v°

10 Entree — 11 suys *manque* — 28 Que as — 29 ressemble

CXL

F° IIII^{xx} XVI v°

9-10 Cest grant pitie etc.

CXLI

F° IIII^{xx} XVII v°

CXLII

F° IIII^{xx} XVII v°

3 *manque* — 4 Blange c. n. et dr. — 10 quil auront

CXLIII

F° IIII^{xx} XVIII r°

5 s. et c. — 7 nestez

FIN.

INDEX

DES MOTS EXPLIQUÉS DANS LES NOTES.

Les chiffres renvoient aux pages.

acointer 93
adirer 15
affectreau 94
aist (m') Dieux 3
ajourner 63
amandrir 66
ancolie 120, 124
apertement 68
apointement 17, 45
arroy 80
arter 115
asserant 59
assoir 103, 138
avancer 68
avantage 73
avel 6
av'ous 43
barde 130
baston 140
Baudouin 137
baudour 36
bayart 126
blanc 109, 126
boucquet 10
buffet 7
butin (a) 8
cendal 43
chanter 122
chapeau 4, 20
chapelet 4

charger 43
cointe 49, 93
conseil 19
coquart 38, 95
corbin 145
correption 82
cotte verte 82
coup 97
courcer 46
courroucée 132
court 72
court vestu 66
couvrer 76
crain 119
cueillir 113
damas 86
danfve 29 (voy. les *Additions*)
danger 79
danjon 145
deffourer 133
degoyser 7
Dieu (a) 9, 44
dign 94
direlle 13
droiture 30
emblée 120
enchére 115
enfance 112
ensafrener 92

ente 133
entremès 16, 23
esbaloyer 27, 51
escarlate 54, 119
esconduire 7
esgacher 37
esclasser 93
estournay 96
fetard 117
foison 66
folie 78
fort (au) 23
fortuné 87
fourrer 45
fourrier 130
gabiolle 29
gallois 16
garson 102
gaulureau 95
gay 29
genectay 114
gin 93
godinette 1
gorgias 85
gorre 130
gorrier 97
gingois 7
gré (bon) 83
gris 95
grison 126
grivollé 21
gueux 129
hair 39, 49, 64
Hastivet 72
haubin 143
hauvay 1
hemi 71
het 107
hors du sens 43
il, ilz, 40, 45
jardrin 9
jaune 85
jouer 76
jouir 80, 113
livree 120

loy 70
mai 47
mains 123
Malebouche 31, 87
malheure 81
manche 45
marcher 4
marjolet 95
marrison 81
materas 107
maulgré 131
maumariée 5, 133
merande 14, 92
meshoen 7, 79
mesnaige 36
mesprison 81
migraine 54
monsieur 14
moreau 102
mousse 7
moye 22, 60
musequin 8
musique 21
nager 53
o 12
obeir 62
on 112
ordeux 94
ouen 38
ouvrier 11
paillard 117
paragonne 104
parler 118
pas 85
patard 141
penser 56, 93
perier 43
Perrichon 81
Perronnelle 41
pieds neufs 143
plet 11
pleumas 86
point 58, 77
popin 9
porion 67

port 89
pose 31
poste 26
poucin 37
prier 77
prochasser 120
quoquart 38, 95
raison 19
recueillié 113
regner 17, 53
remuer 102
rendre 106
requoy 70
retour 83
rigoler 56
riote 82
ris 3
Robin 1
rouge 129
roussin 143
rustre 85
sauge 20

segu 106
servir 23
si 62
si (sans) 23, 101
sieur 14
soulas 14
talent 105
tanderelo 32
tanné 5, 85
toppin 93
tout (du) 38
tristresse 12
tendu 94
troye 69
trudaine 100
uns 14
vant 60
verollé 95
vois 82
voise 104
voler 46

MUSIQUE

(1) N.º 5. Les deux dernières lignes de chaque Strophe se chantent sur la mélodie des quatre premiers vers.

16

Cha-cun mau-dit ces ___ jal-leux

Mais je ne les maul-dis my-e

Il n'est ___ pas ___ vray a-mou-reux

Qui n'est jal-leux de s'a-my- ___ -e

Lan-tre jour jou-er m'al- -ley-e
Trou-vay m'a-my-e par voy-e

Tout au- -tour d'ung vert ___ buis-son
Par-lant ___ a ung com- -pai-gnon

17

Chap-peau de saul- -ge vieul por-ter

Ce mois de may par des-con-fort

Puis-que la bel-le m'a fait tort

Qui m'a chan-gé ___ pour aultre a-mer

El-le m'a voit pro-mis sa foy
Et ja-mes ne me chan-ge-roit

Que tous- -jours el-le m'ay- -me-roit
Ne ay-me-roit aul- -tre que moy.

29

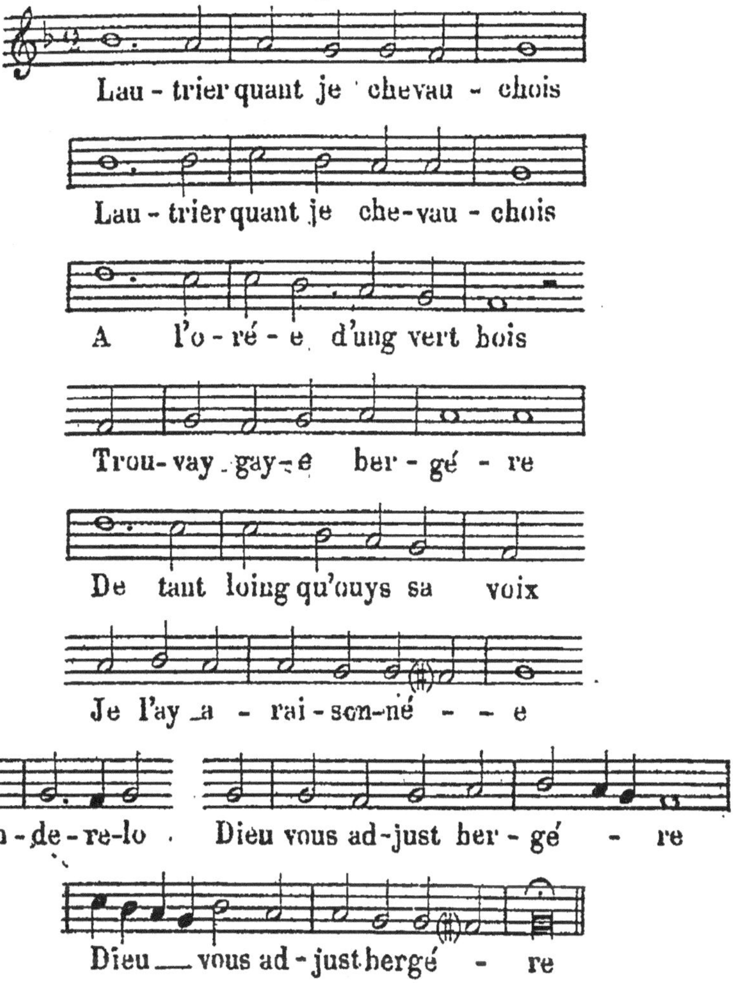

Lau-trier quant je chevau-chois

Lau-trier quant je che-vau-chois

A l'o-ré-e d'ung vert bois

Trou-vay gay-e ber-gé-re

De tant loing qu'ouys sa voix

Je l'ay a-rai-son-né — e

Tan-de-re-lo. Dieu vous ad-just ber-gé — re

Dieu — vous ad-just bergé — re

30

Trop pen-ser me font a-mours dormir ne puis

Sy je ne voy mes a-mours tou-tes — les nuytz

Comment par-le-ray-je a vous fin franc cueur doulx
Vous y par-le-rez as-sés mon a-my doulx

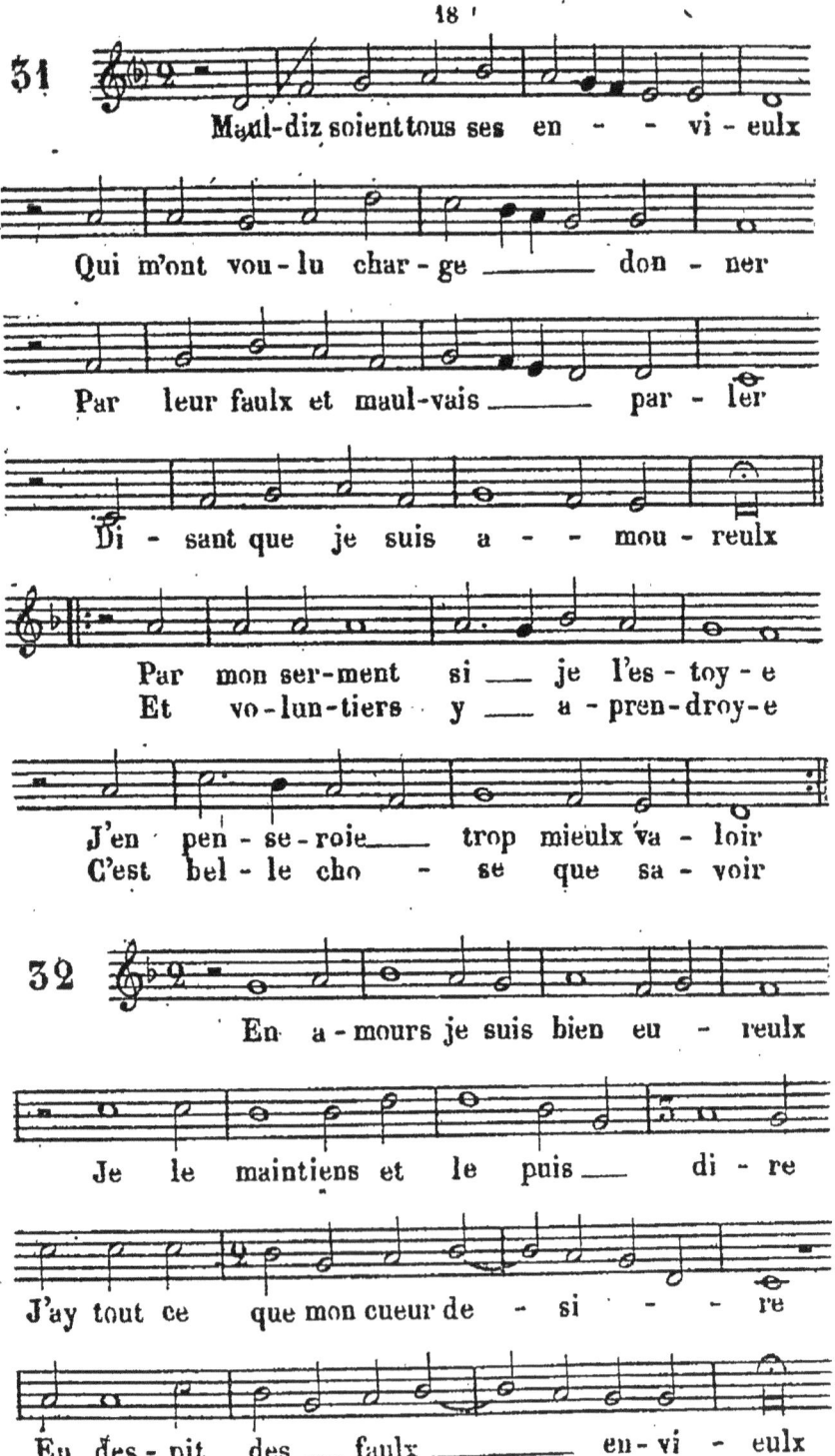

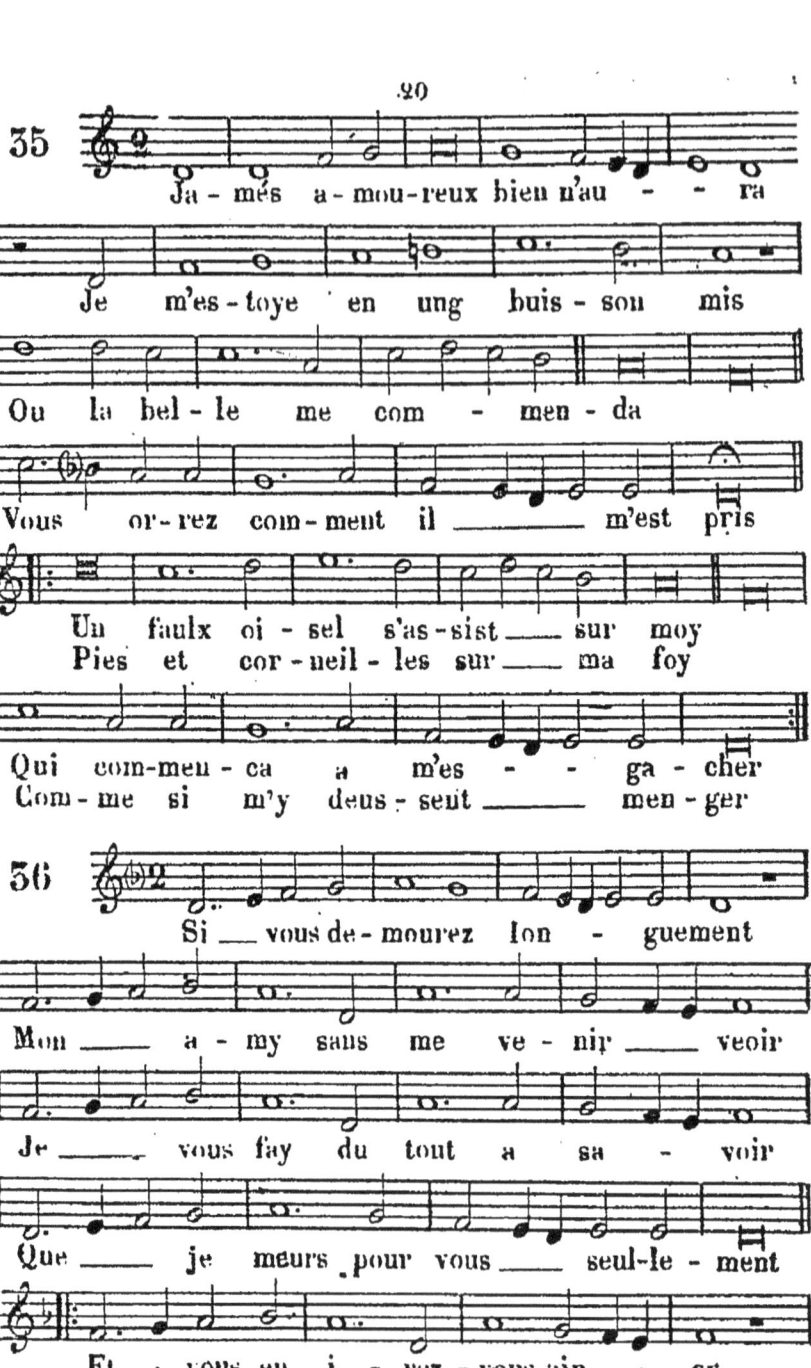

40.
Je vous es-cry de ma pencé - - - e 
A vous que j'ai - me par — a-mours
Pourtant sy je — suis loing de vous
Je_ne vous ai pas ou - bli - é - - - -
- - - e

41
Le perier qui cher-ge souvent — 
Doit bien a - voir sou-las et joy - - - - e
Quant le dieu d'amours s'y ac - tent —

En ce pe - rier a u - ne fleur
Plus vermeille en est la cou - leur
Qui est plus blan - che que — cris - tal
Que n'est ne ro - se ne — cen - dal

Qu'a-voir ne puis d'elle ung tout seul re - gard

Fors en fier - té pour mon cueur en - ta - mer

Sy prens con - gié a - vant qu'il soit plus tard

53 Veez cy ve-nir la gel - lé - - e

Qu'il fait froit en la sai - son

Que m'a-mye est ma - ri - é - - e

Dieu luy doinct a - - nuyt bon jour

54 Reconfor-tés le pe-tit cueur

de moi

Qui nuit et jour

Qui nuit et jour ne m'y fait que

languir

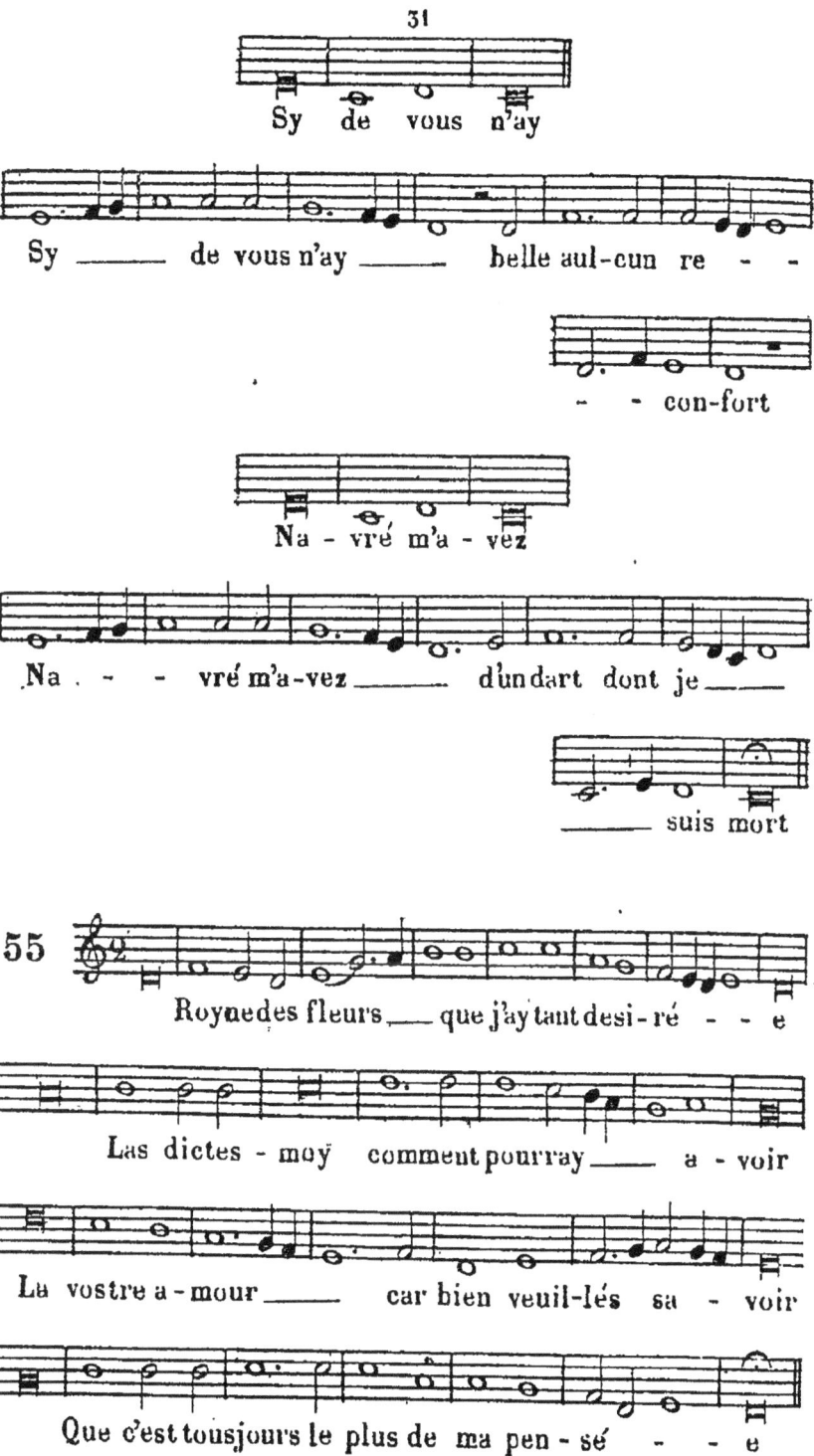

56

Hel-las Olivier Bachelin
N'orrons-nous plus de voz nouvelles
Vous ont les Anglois mis a fin
Vous soulliez gaiment chanter
Et la blanche livrée porter
Et demener jouyeuse vie
Par le païs de Normandie

57

Et j'ay eu des lettres vrayment
Que mou amy m'envoye
Hel-las je les garderay tant
J'en ay eu si grant joye

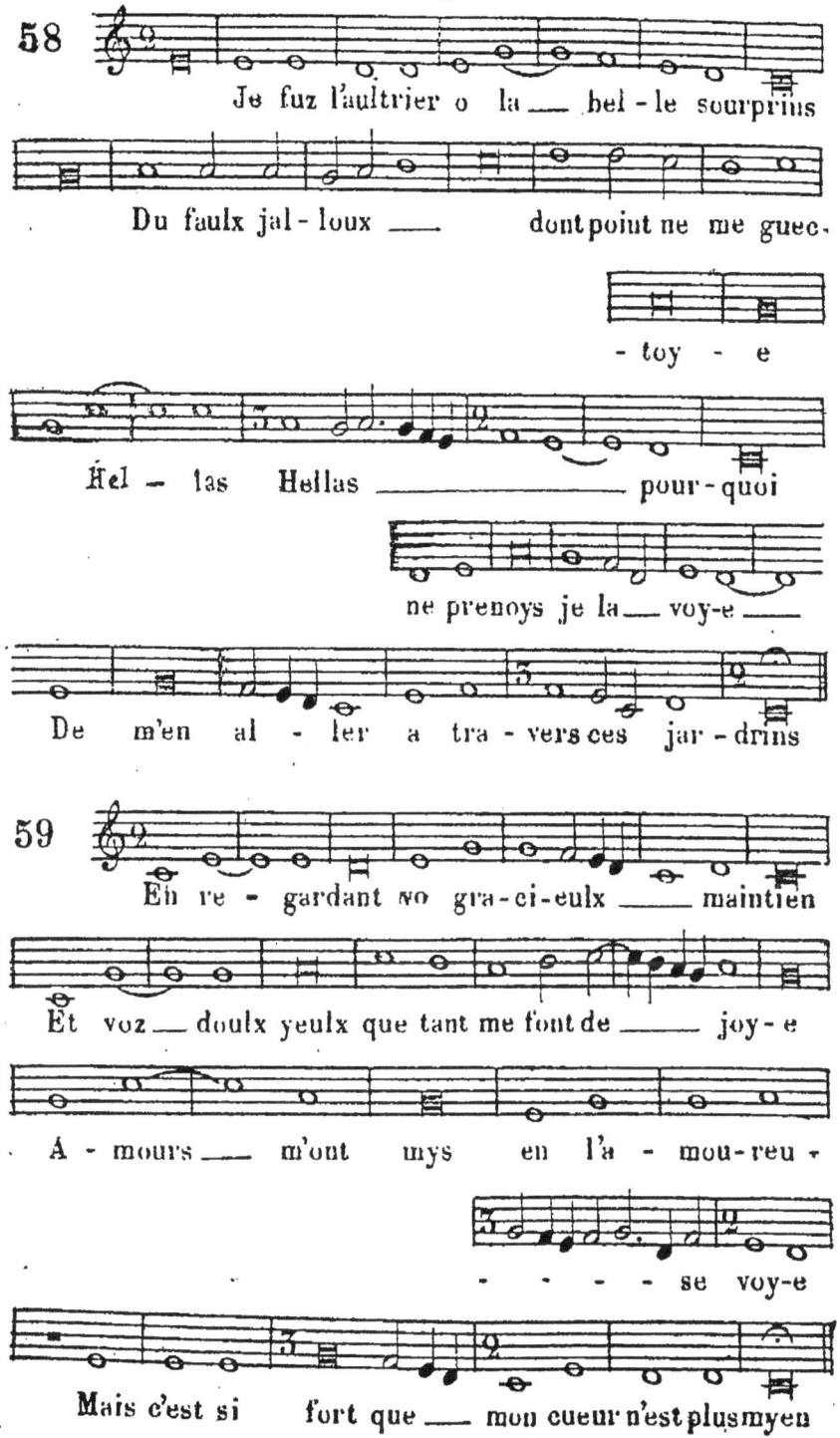

60

L'autrier par ung as - - se - rant
La ou j'en - ten - dy ___ le chant
M'en al - loys es - bal - loy - - ent
De la belle au cueur plai - sant
L'o - rée ___ d'u - ne val - lé - e
A qui ___ j'ay m'a - mour don - né - e
Quant je vy ___ la fleur jo - li - e
Je lui dis ___ par cour - toi - si - e
Qui me - noit jouy - eu - se vi - e
Bel - le se - rés - vous m'a - my - e
Mon cueur fut tout ___ res - jou - y
Et je se - ray ___ vostre a - my

61

Je vous veuil di - re ma ___ pen - sé - e
Et vous comp - ter ___ du tout mon cas
Et Dieu que de - vien - dray ___ hel - las
Sy mon par - ler ne vous ___ a - gré -

La mélodie du N.º 64 manque dans les manuscrits.

68

Eu la du-ché de Norman-di - e
Il y a sy grant pil - le - ri - e
Que l'on n'y peult a - voir foi - son
Quant a moy je n'y se - rai plus
Car on n'y a point d'ai - se - ment

Dieu vueille qu'el soit a - man-dri - e
Ou il fauldra que l'on s'en fuy - e
Et laisser chascun sa maison
Pour la doubte des court ves - tuz
Qui nous viennent veoir trop sou - vent

69

On a dit mal de mon a - my
Qu'ont il af - fai - re quel il soit
Ou il soit beau ou il soit laid
Quant je luy plais et il me plaist.

Dont j'ay eu le cueur bien mar-ri

70

La der-nie-re nui-tée d'ap-vril
En u-ne cham-bre m'y dor-may-e
Sy doul-ce-ment m'y re-pousay-e
En ac-ten-dant le moys de may
Qui n'es-toit gue-res loing de moy
Il me vint ung sou-ve-ne-ment
D'al-ler veoir m'a-mye par a-mour
Je m'y le-vay a-per-te-ment
Pour al-ler veoir s'il es-toit jour

71

Lourdault lourdault lourdault garde que tu fe-ras
Car si tu te ma-ri-es tu t'en repen-ti-ras Lourdault

La mélodie des vers 7 et 8 manque.

Le N.º 92 se chante sur la même mélodie que le N.º suivant.

93

For - tune a tort
Du myen a - mé

Par son ef - fort
Le mieulx fa - mé

En grant dis - cort
Le re - nom - mé

Sans nul con - fort
Le re - cla - mé

Os - té m'a la pre - sen - - - - ce
Des a - mans l'excel - len - - - - ce

Tant tris - - te en suis

Que jours ne nuyz

En nulz des - duitz

Ne me re - duys

Mais seullecte sous pi - - - re

Quant je m'es - bass

En quelque es - bas

Cui - dant sou - las

A - voir hé - las

Le myen mal en est pi - - - - re

Et je se-ray u-ne dame ho-no-ré — — — e

Pour Dieu ne dic-tes pas que vous m'a-iez a-mé — — — e

99
Que faire s'a-mour — me lais-se 
Nuict et jour ne puis dor-mir —
Quant je suis la nuyt — cou-ché-e
Me souvient de mon — a-my

100
Que di-rons nous de ceulx de Saint-O-mer — 
Ne doibt on pas et pri-ser et ay-mer —
Qui ont es-té — mieulx pris qu'au tre-bu-chet
Mon-sieur des Cordes que ce bien nous a fait
Il sert le roy — et de — cueur
et de fayt

56

En - sem-ble fus - sent mis
Mais pos-si - ble n'est pas

Et ja - loux bien mar - riz
D'a - voir tant de soul - las

103 Qui belles amours a ____ sou-vent si les re-
- mu - e
L'au - trier quant che-vau - choye ____ a Pa - ris
la grant ru - e
Sur mon che - val mo - reau ____ qui
souvent sault et ____ ru - e
Qui bel-les a - mours a ____ souvent souvent sy
les re-mu - e
Souvent sy les re-mu - e sou-vent sy les re-mu-
- - - - e

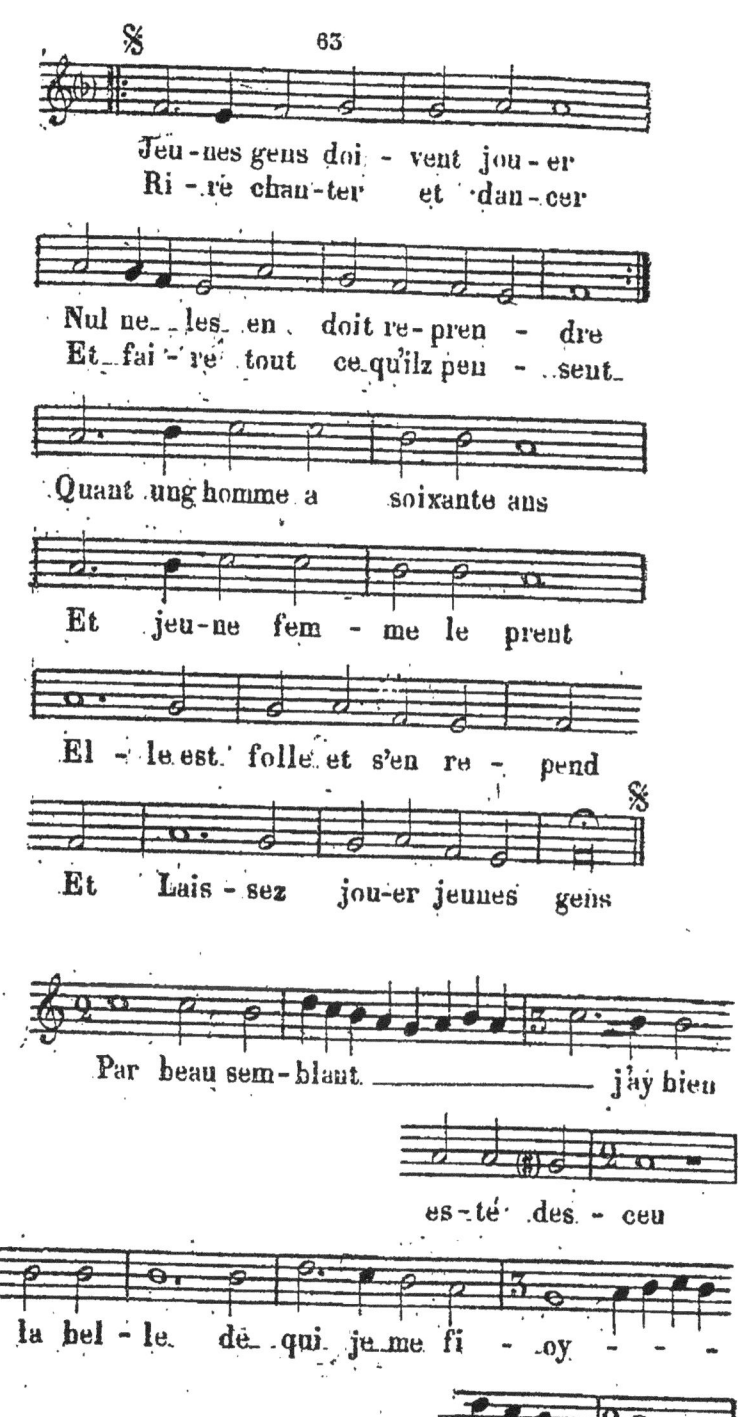

Aul - tre cho - se pour l'heu-re m'a - ten - doy

Fors seulle-ment ce qui m'est ad - ve - nu

115

Resjouissons nous tous loyaulx a-mou-reux
Es - pe-rous donc ung chacum d'avoir mieulx

Chan-tons en - sem - ble tout d'un vouloir jouy-eulx
Et ne soy-ons plus me-len-co-li - eux

A la ve-nu - e de ce doulx temps d'es - té
Puis-que nous suy - mes mis hors d'a - ver - si - té

Re - cu - lés vous   Sou - cy de nous

Ar-riére arriére ar - rié-re   Fai - sons grant ché-re

Sans estre recuil-lyé de vous

116 La musique de cette pièce manque dans le manuscrit.

117
Nous estions troys ____ jeunes fil - let-tes
Qui tou-tes trois ____ a-vions a - my
Dont j'en es - toys ____ la plus jeu - net - te
De mes a - mours ____ ne peuz jou - yr

118
Si j'ayme mon a - my   Trop plus que mon ma - ry
Ce n'est pas de mer - veil - - - - - le
Il n'est ouvrier que luy   De ce mes-tier jo - ly
Que l'on fait sans chan - del - - - le

119
Se jo ____ son mauma - ri - da - de
Jo __ hau - ré ____ gay a - ma - dour

133

J'ay ung ma-ry qui est bon hom - - -
 - - - me
Il prent le pot et va au vin
Et puis en boit ung bon ta - tin
Tan-dis que je fais là be-sou - - -
 - - - - gne.

134

Yo yo yo yo com-pé-re com-mé-re
Sy vous ne sa-vez di-re yo
Pe - not - te se vieult ma - ri - er
On ne sçet a qui la dou - ner
Pour ce qu'elle est ung peu trop sot - te
M'a - my-e Pe - not-te Ma - rot-te ma sot-te

Hellas oliuier bachelin
Orron nous plus de voz nouuelles
Vous ont les anglois mis a fin

Vous souliies gayment chanter
et demener Joyeuse vie
et la blanche liuree porter
Par tout le païs de normandie

Jusques a sainct gille en contantin
en vne compaignie tresbelle
Oncques ne vy tes pesserm

Les anglois ont fait desfaison
aux compaignons du val de vire
Vous nozez plus dire chanson
A ceulx qui les souloyent bien dire

Nous prirons dieu de boy cueur fin
Et la doulce vierge marie
quil Doynt aux anglois mal fin

Anonyme
Chansons françaises du